小学3・4年生

英語に

ぐーんと強くなる

学習指導要領対応

KUMON

→ CONTENTS

特集ページ

この本の特長と使い方

この本では，小学3・4年生の英語でよく出てくる表現や単語を
音声といっしょにくり返し練習します。

各レッスンで学ぶ英語表現は，自然な場面と会話の中で出てくる
ので，自分がじっさいに使うことをいしきしながら学習を進める
ことができます。1回のレッスンは，学ぶ英語表現が対話の場合は
2見開き（4ページ），対話でなければ1見開きです。

毎回，学習した
日づけを書こう。
まちがえた問題
は解き直して
100点にしよう。

レッスン内の表現の
音声を，場面の中で
かくにんします。

レッスン内で新しく学
ぶ単語を，音声といっ
しょに練習します。

表現について，使い方や
ちゅういすることを学びます。

音声を聞いてまねして
言う練習➡音声を聞い
て問題に答える練習な
どに取り組みます。

レッスン内の問題が
全部できるようになっ
たら，⚙をなぞったり，
色をぬったりしよう。

1レッスンで学ぶ表
現が対話の場合は，
相手にたずねる表現
も学びます。

4ページ目は，学ん
だ対話を合わせて練
習します。レッスン
の最後の問題では，
「自分だったら」と考
えて答えます。

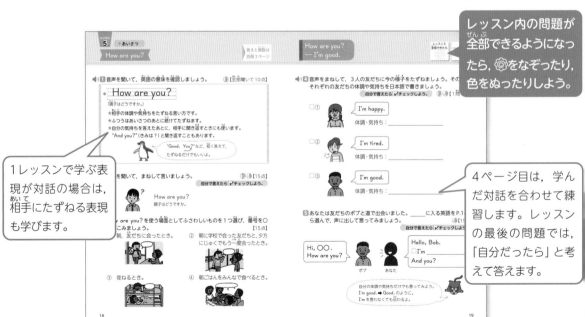

フクロウモモンガ

フェアリーペンギン

クアッカワラビー

小学校の英語でもっとも大切な「聞く」をメインに，やさしいところからていねいなステップで無理なく学習し，「話す」につながる力を身につけます。

レッスン数回ごとに，「まとめ問題」があります。
学んだ表現や単語を使った会話を聞いて答える問題や，自分だったらどうかを考えながら英語でたずねたり答えたりする問題などに取り組みます。

・1回で100点にできなくても大丈夫！
答えやかいせつをしっかり読んで，音声も聞き直そう。
・100点になったら，🌸をなぞったり，色をぬったりしよう。

があるところは，音声を聞きましょう。

音声の聞き方

1 音声アプリきくもん アプリをダウンロード

❶くもん出版のガイドページにアクセス
❷指示にそって，アプリをダウンロード
❸アプリのトップページで
『小学3・4年生　英語にぐーんと強くなる』を選ぶ
※初回に必要なシリアルコード
【9784774333649】

＊きくもんアプリは無料ですが，ネット接続の際の通話料金は別途発生いたします。

2 くもん出版のサイトから，音声ファイルをダウンロードすることもできます。 ➡

べっさつで答え合わせをしましょう。「ポイント」にも目を通しましょう。

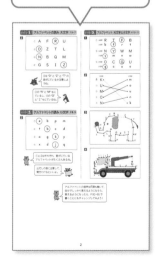

アルファベットの読み 大文字

答えと解説は
別冊2ページ

🔊 **1** 音声を聞いて，1文字ずつ指でさしながら言ってみましょう。

自分で言えたら ✔チェックしよう。　　【全部言って60点】

☐ A　☐ B　☐ C　☐ D

☐ E　☐ F　☐ G　☐ H

☐ I　☐ J　☐ K　☐ L

☐ M　☐ N　☐ O　☐ P

☐ Q　☐ R　☐ S　☐ T

☐ U　☐ V　☐ W　☐ X

☐ Y　☐ Z

言えるようになったら，好きな大文字を1つ，
このカードに書いてみよう！
はじめは書き順を気にせずに，
4本の線の位置に注意して書いてみてね。

＊大文字の書き順はP.92～94にのっています。

🔊 **2** 音声を聞いて，読まれたアルファベットを○でかこみましょう。

👂【1問5点】

① A　F　R　U

② D　Z　T　L

③ N　B　Q　M

④ G　S　I　Z

DとT，NとM，
GとZは音が
にているから
注意しよう。

3 次のアルファベットを声に出して言ってみましょう。　【1問5点】

自分で言えたら ✔ チェックしよう。

□① Y　　　□② W

□③ B　　　□④ H

わからなくなったら **1** にもどって
くり返し音声を聞いてみてね。

アルファベットの読み 小文字

答えと解説は
別冊2ページ

 1 音声を聞いて，1文字ずつ指でさしながら言ってみましょう。

自分で言えたら✔チェックしよう。 【全部言って60点】

☐ a ☐ b ☐ c ☐ d

☐ e ☐ f ☐ g ☐ h

☐ i ☐ j ☐ k ☐ l

☐ m ☐ n ☐ o ☐ p

☐ q ☐ r ☐ s ☐ t

☐ u ☐ v ☐ w ☐ x

☐ y ☐ z

言えるようになったら，好きな小文字を1つ、
このカードに書いてみよう！
大文字とのちがいに注意して書いてみてね。

＊小文字の書き順はP.92〜94にのっています。

◀️)) **2** 音声を聞いて，読まれたアルファベットを〇でかこみましょう。

👂【1問5点】

① e　　b　　p　　m

② t　　b　　c　　d

③ a　　g　　k　　y

④ x　　d　　j　　q

bとp，tとdは
音がにているから
注意しよう。

3 次のアルファベットを声に出して言ってみましょう。　　🔊【1問5点】

自分で言えたら ✔チェックしよう。

□① u　　　　　　□② n

□③ f　　　　　　□④ o

uはvと見まちがえないようにね。

アルファベット 大文字と小文字

答えと解説は
別冊2ページ

🔊 **1** 音声を聞いて，読まれたアルファベットの大文字と小文字を○でかこみましょう。

🎧【1問10点】

① 大文字　R　T　F　B

　　小文字　b　f　r　t

② 大文字　N　Y　W　M

　　小文字　y　m　n　w

③ 大文字　O　C　G　U

　　小文字　g　c　u　o

2 次のアルファベットの大文字と小文字を正しく線で結びましょう。

【1問5点】

大文字　　　　　　　　　　　小文字

(例) K・　　　　　　　　　・m

① U・　　　　　　　　　・o

② M・　　　　　　　　　・u

③ O・　　　　　　　　　・n

④ N・　　　　　　　　　・k

3 大文字のAからZまでアルファベット順に，A→B→C→D…Y→Zと
なるように線で結んで，絵を完成させましょう。　　　　【25点】

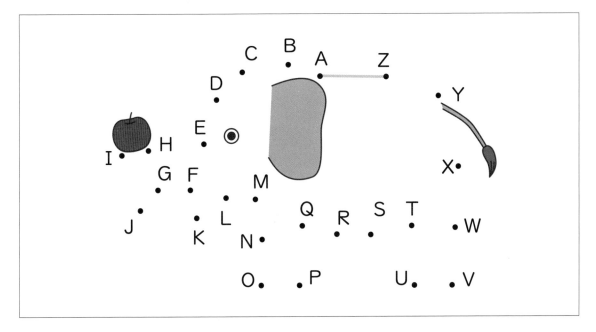

4 小文字のaからzまでアルファベット順に，a→b→c→d…y→zとなる
ように線で結んで，絵を完成させましょう。　　　　【25点】

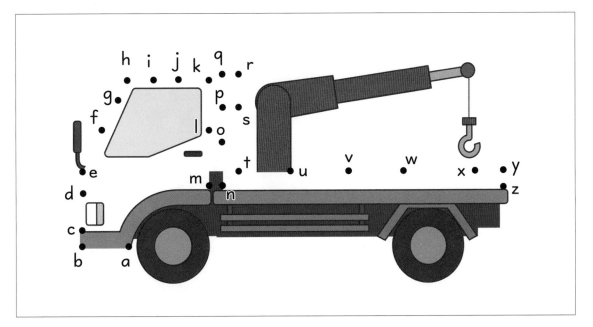

まとめ問題① レッスン 1〜3

答えと解説は
別冊3ページ

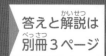

1 次のアルファベットの大文字と小文字の組み合わせについて，正しいものには〇，正しくないものには×を書きましょう。　　　　【1問5点】

　　　　　　　　　　大文字　　　小文字

① （　　） **G → g**

② （　　） **D → b**

③ （　　） **Q → p**

④ （　　） **R → r**

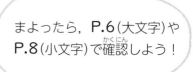

まよったら，P.6（大文字）や
P.8（小文字）で確認しよう！

2 音声を聞いて，読まれたアルファベットが表す絵をそれぞれ線で結びましょう。　　　　　　　　　　　　　　　　　　　　【1問5点】

① ●　　　　　　　　　● ATM

② ●　　　　　　　　　● UFO

③ ●　　　　　　　　　● AI

④ ●　　　　　　　　　● DIY

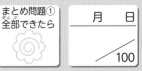

3 次のアルファベットを声に出して言ってみましょう。　【1問5点】

自分で言えたら✔チェックしよう。

□① U　　□② r　　□③ L　　□④ c

4 次の文字は，あるきそくにしたがってならんでいます。（　　）に入るアルファベットを考えて，声に出して言ってみましょう。　【1問5点】

自分で言えたら✔チェックしよう。

□① A → B → C →（　　）→ E → F

□②（　　）→ M → L → K → J → I

□③ P → p → Q →（　　）→ R → r

5 次の絵は，英和辞典を横から見たものです。英和辞典には，単語の頭文字でさがすことができるように，a から z までインデックスがついています。下の□に入るアルファベットを考えて，声に出して言ってみましょう。

自分で言えたら✔チェックしよう。　【25点】

あいさつをしよう

答えと解説は
別冊3ページ

🔊 **1** 場面をイメージしながら，音声を聞きましょう。　👂【全部聞いて10点】

一日の始まりと終わりのあいさつだね。

🔊 **2** 音声を聞いて，あいさつの表現をまねして言いましょう。

自分で言えたら✔チェックしよう。　👂👄【全部言って10点】

英語	日本語	いつ使う？
☐ Good morning.	おはよう。	朝，相手に会ったとき。
☐ Good afternoon.	こんにちは。	午後（夕方までに），相手に会ったとき。
☐ Hello. ☐ Hi.	こんにちは。[やあ。]	時こくを問わず，相手に会ったときにはいつでも。
☐ Goodbye. ☐ See you.	さようなら。[またね。]	相手と別れるとき。

　あなたが今日，日本語で使ったあいさつがあれば，それを英語で言いましょう。なければ，言ってみたい英語のあいさつを声に出して言いましょう。

👄【10点】

3 音声を聞いて，まねして言いましょう。 【1問10点】

自分で言えたら ✔ チェックしよう。

□①

Good afternoon.
こんにちは。

□②

See you.
またね。

□③

Good morning.
おはよう。

4 次の絵を見て，あなたがもし絵の中の人物だとしたら，英語で何とあいさつをしますか。声に出して言ってみましょう。 【1問20点】

自分で言えたら ✔ チェックしよう。

□① 朝，学校へ行こうと家を出ると，となりの家の人がごみを出しています。

□② 日曜日の午後，犬の散歩をしていると，ジョギングしている先生と会いました。

調子はどう？

答えと解説は別冊3ページ

🔊 **1** 場面をイメージしながら，音声を聞きましょう。　🎧【全部聞いて10点】

> こんにちは，カナタ。
> Hi, Kanata.

> やあ，ジャスミン。
> Hi, Jasmine.

> 調子はどう？
> How are you?

> 元気だよ。
> I'm good.
> きみはどう？
> How are you?

> いつ，どんなときに話す英語かな。

🔊 **2** 音声を聞いて，体調や気持ちを表す単語をまねして言いましょう。

自分で言えたら☑チェックしよう。　🎧🗣【全部言って10点】

□good 元気な	□happy うれしい	□hungry おなかのすいた
□sleepy ねむい	□tired つかれている	□sad 悲しい

① 今のあなたの体調や気持ちはどれに近いですか。絵を〇でかこみましょう。【10点】

② ①で選んだ体調や気持ちを，表情もつけながら英語で言ってみましょう。🗣【10点】

I'm good.

◄)) **3** 音声を聞いて，英語の意味を確認しましょう。　　🎧【全部聞いて10点】

• # I'm good.

「わたしは元気です。」

★ 自分の体調や気持ちを伝えるときは，I'm ～. で表します。
★ I'mはI am を短くした語です。
★ "Good."（元気だよ。）だけでも伝わります。
★ "good" の代わりに "fine" も同じ意味で使えます。

> 表情やジェスチャーをつけながら答えると
> 気持ちが伝わりやすいよ。

◄)) **4** 音声を聞いて，まねして言いましょう。　　🎧🗣【1問10点】

自分で言えたら ✔チェックしよう。

□① 　I'm sad.
わたしは悲しいです。

□② 　I'm hungry.
わたしはおなかがすいています。

□③ 　I'm happy.
わたしはうれしいです。

◄)) **5** 3人の話を聞いて，今のあなたと同じ気持ちの人を選んで，名前を○で
かこみましょう。　　🎧【20点】

Ken　　　　　　Rin　　　　　　Hina

How are you?

答えと解説は
別冊3ページ

1 音声を聞いて，英語の意味を確認しましょう。　　【全部聞いて10点】

How are you?

「調子はどうですか。」

★相手の体調や気持ちをたずねる言い方です。

★ふつうはあいさつのあとに続けてたずねます。

★自分の気持ちを答えたあとに，相手に聞き返すときにも使います。
　"And you?"（きみは？）と聞き返すこともあります。

 "Good. You?↗"など，短く答えて，
たずねるだけでもいいよ。

2 音声を聞いて，まねして言いましょう。　　【15点】

自分で言えたら☑チェックしよう。

☐
How are you?
調子はどうですか。

3 How are you? を使う場面としてふさわしいものを1つ選び，番号を〇でかこみましょう。　　【15点】

① 朝，友だちに会ったとき。

② 朝に学校で会った友だちと，夕方にじゅくでもう一度会ったとき。

③ 夜ねるとき。

④ 朝ごはんをみんなで食べるとき。

🔊 **4** 音声をまねして，3人の友だちに今の様子をたずねましょう。そのあと，それぞれの友だちの体調や気持ちを日本語で書きましょう。

自分で言えたら ✔ チェックしよう。　👂🗣【1問15点】

□① 〔I'm happy.〕

体調・気持ち：＿＿＿＿＿＿＿＿＿＿＿＿

□② 〔I'm tired.〕

体調・気持ち：＿＿＿＿＿＿＿＿＿＿＿＿

□③ 〔I'm good.〕

体調・気持ち：＿＿＿＿＿＿＿＿＿＿＿＿

5 あなたは友だちのボブと道で出会いました。＿＿＿＿に入る英語をP.16から選んで，声に出して言ってみましょう。　🗣【15点】

自分で言えたら ✔ チェックしよう。

Hi, 〇〇.
How are you?

ボブ　　あなた

Hello, Bob.
□I'm ＿＿＿＿＿＿＿.
And you?

自分の体調や気持ちだけでも言ってみよう。
I'm good. ➡ Good. のように，
I'm を言わなくても伝わるよ。

まとめ問題② レッスン 4〜5

答えと解説は
別冊4ページ
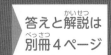

🔊 **1** 次の絵は，ケンとメアリーが朝の通学中に道でばったり出会った場面です。
①〜③の音声を聞いて，このときの2人のあいさつとして正しいものを
選び，番号を書きましょう。　　　　　　　　　　　　👂【20点】

答え：＿＿＿＿＿＿＿＿＿＿＿＿＿

🔊 **2** 次の絵は，ねむそうなミチカと，ミチカに話しかけているキムの様子です。
①〜③の音声を聞いて，このときの2人の会話として正しいものを選び，
番号を書きましょう。　　　　　　　　　　　　　　　👂【20点】

答え：＿＿＿＿＿＿＿＿＿＿＿＿＿

Fair!

Good! Great! Excellent!

がんばったね。
復習してから再チャレンジ！

少しずつ
理解できているね。
復習しよう！

いいね！
あと一歩！

すごい！

60点　　　　80点　90点　100点

まとめ問題②
全部できたら

月　日

／100

3 次のそれぞれの文が対話として成り立つように，線を結びましょう。

【1問10点】

① How are you? •

• See you.

② Hello. •

• I'm good.

③ Goodbye. •

• Hi.

4 次の絵はショーン，リエ，マヤのそれぞれの様子を表しています。How are you? とたずねられて，あなたがそれぞれの立場で答えるとき，何と言いますか。声に出して言ってみましょう。　【1問10点】

自分で言えたら ✓チェックしよう。

□①

□②

□③
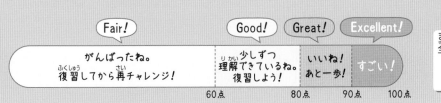

名前を言おう①

🔊**1** 場面をイメージしながら，音声を聞きましょう。　👂【全部聞いて10点】

こんにちは。わたしはミオだよ。
Hello. I'm Mio.

こんにちは，ミオ。わたしはジャスミン。
Hi, Mio. I'm Jasmine.

はじめまして。
Nice to meet you.

こちらこそ，はじめまして。
Nice to meet you, too.

• **I'm Mio.** 「わたしはミオです。」

★自己紹介で相手に自分の名前を伝えるときに使う表現です。
★I'm は I am を短くした形で，「わたしは〜です。」という意味です。
★I＝「わたしは」　am＝「〜です」
★I am Mio.と言っても伝わりますが，会話では短く言うことが多いです。

> 下の名前だけでなくせい（みょうじ）も言いたいときは，
> I'm〈名前＋せい〉. または I'm〈せい＋名前〉. の
> どちらの順でもいいよ。

🔊**2** 音声を聞いて，まねして言いましょう。　👂🗣【1問10点】

自分で言えたら ✔チェックしよう。

☐① I'm Takuya Saito.
わたしはサイトウ・タクヤです。

☐② I'm Jean.
わたしはジーンです。

🔊❸ 音声を聞いて，内容に合う絵の番号を〇でかこみましょう。　🎧【30点】

① 〜下校時，校門の前で〜

② 〜教室の前で初対面の2人〜

❹ あなたは初対面のジョンに自分の名前を伝えます。_____ にあなたの名前をあてはめて，声に出して言ってみましょう。　🗣【40点】

自分で言えたら ✔チェックしよう。

Hi, John.
□ I'm _____.
Nice to meet you.

あなた　　ジョン

Nice to meet you, too!

名前はハッキリ言おう。Takuya, Rio, Momoka のように，
後ろから2番目の aiueo（赤文字）を強く言うと伝わりやすいよ。

名前を言おう②

答えと解説は別冊5ページ

◀)) **1** 場面をイメージしながら，音声を聞きましょう。　◎【全部聞いて10点】

ぼくはマイクだよ。
I'm Mike.
きみの名前は何？
What's your name?

ぼくの名前はカナタだよ。
My name is Kanata.

はじめまして，カナタ。
Nice to meet you, Kanata.

こちらこそ，はじめまして，マイク。
Nice to meet you, too, Mike.

● **My name is Kanata.**　　「わたしの名前はカナタです。」

★ I'm ～．と同じように，自分の名前を伝えるときに使う表現です。
★ my＝「わたしの」　name＝「名前」　is＝「～です」

> I'm のときと同じように，フルネームを言いたいときは
> My name is〈名前＋せい〉．または My name is〈せい＋名前〉．
> のどちらの順でもいいよ。

◀)) **2** 音声を聞いて，まねして言いましょう。　◎◎【1問10点】

自分で言えたら ✔ チェックしよう。

☐① My name is Mika Akiyama.
わたしの名前はアキヤマ・ミカです。

☐② My name is John.
わたしの名前はジョンです。

🔊**3** 音声を聞いて，内容に合う絵の番号を○でかこみましょう。

🎧【30点】

①

〜転校生がみんなの前で〜

②

〜お店で〜

4 あなたは初対面の田中先生に自分の名前を伝えます。＿＿＿＿にあなたの名前をあてはめて，声に出して言ってみましょう。　🔊【40点】

自分で言えたら ✔チェックしよう。

Hello, Mr. Tanaka.
□My name
is ＿＿＿＿＿＿.

あなた

田中先生

Hello,
＿＿＿＿＿＿＿.

I'm ＿＿＿＿. と My name is ＿＿＿＿.
これで名前を伝える言い方を2つ覚えたね！
意味は同じなので，どちらを使っても大丈夫だよ。

好きなものを言おう

答えと解説は別冊5ページ

◀)) **1** 場面をイメージしながら，音声を聞きましょう。 【全部聞いて10点】

好きなものを言うときの表現だよ。

◀)) **2** 音声を聞いて，食べ物を表す単語をまねして言いましょう。

自分で言えたら ✔チェックしよう。 【全部言って10点】

① あなたが好きな食べ物は，上のどれですか。絵を○でかこみましょう。 【5点】

② ①で選んだ食べ物を英語で言ってみましょう。 【5点】

26

🔊 **3** 音声を聞いて，まねして言いましょう。　👂👄【1問15点】

自分で言えたら ✔チェックしよう。

☐①  I like pizza.
わたしはピザが好きです。

☐② I like hamburgers.
わたしはハンバーガーが好きです。

🔊 **4** 2人の話を聞いて，好きなものを正しく線で結びましょう。👂【1問15点】

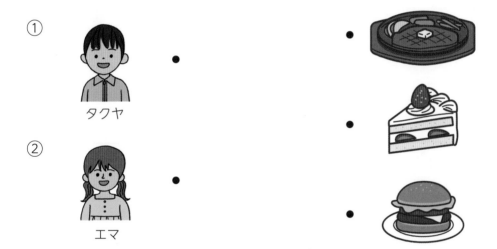

① タクヤ

② エマ

5 あなたはジーンにあなたの好きな食べ物を伝えます。＿＿＿＿に入る英語を **2** から選んで，声に出して言ってみましょう。　👄【10点】

自分で言えたら ✔チェックしよう。

☐I like

＿＿＿＿＿＿.

あなた　　ジーン

好きな食べ物を思いうかべながら，楽しそうな表情で言ってみよう！

27

 自己紹介

果物を表す単語

 **1** 音声を聞いて，果物を表す単語をまねして言いましょう。

> 自分で言えたら ✔チェックしよう。 【全部言って10点】

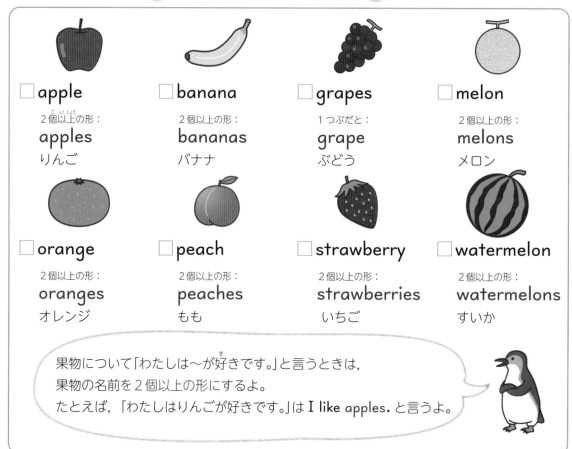

□ apple
2個以上の形：
apples
りんご

□ banana
2個以上の形：
bananas
バナナ

□ grapes
1つぶだと：
grape
ぶどう

□ melon
2個以上の形：
melons
メロン

□ orange
2個以上の形：
oranges
オレンジ

□ peach
2個以上の形：
peaches
もも

□ strawberry
2個以上の形：
strawberries
いちご

□ watermelon
2個以上の形：
watermelons
すいか

> 果物について「わたしは〜が好きです。」と言うときは，
> 果物の名前を2個以上の形にするよ。
> たとえば，「わたしはりんごが好きです。」は I like apples. と言うよ。

① あなたが好きな果物はどれですか。絵を〇でかこみましょう。 【10点】
② ①で選んだ果物を英語で言ってみましょう。 【10点】

2 クラスメイトのエマが，好きな果物を教えてくれました。あなたも**1**で
選んだ果物について，「わたしは〜が好きです。」と英語で言ってみましょう。

> 自分で言えたら ✔チェックしよう。 【20点】

I like
strawberries.

エマ

あなた

□ I like _____ .

スポーツを表す単語

◀)) **3** 音声を聞いて，スポーツを表す単語をまねして言いましょう。

自分で言えたら ✔チェックしよう。　　🎧🗣【全部言って10点】

☐ baseball
野球

☐ softball
ソフトボール

☐ basketball
バスケットボール

☐ volleyball
バレーボール

☐ dodgeball
ドッジボール

☐ soccer
サッカー

☐ tennis
テニス

☐ table tennis
たっ球

① あなたが好きなスポーツは，上のどれですか。絵を〇でかこみましょう。【5点】

② ①で選んだスポーツを英語で言ってみましょう。　　🗣【5点】

◀)) **4** 2人の話を聞いて，好きなスポーツを正しく線で結びましょう。🎧【1問10点】

①
John

•　　　　　　　•

②
Mika

•　　　　　　　•

5 あなたのクラスでは，球技大会の種目を決めるために，好きなスポーツを1人ひとり発表することになりました。**3**で選んだスポーツについて，「わたしは〜が好きです。」と英語で言ってみましょう。　　🗣【10点】

自分で言えたら ✔チェックしよう。

あなた

☐ I like ＿＿＿＿＿＿＿ .

◆ 自己紹介

好きではないものを言おう

答えと解説は別冊6ページ

🔊 **1** 場面をイメージしながら，音声を聞きましょう。　👂【全部聞いて10点】

好きではないものを言うときの表現だよ。

🔊 **2** 音声を聞いて，色を表す単語をまねして言いましょう。

自分で言えたら ✔ チェックしよう。　👂👄【全部言って10点】

① あなたが好きな色はどれですか。絵を〇でかこみましょう。【5点】

② ①で選んだ色を英語で言ってみましょう。【5点】

30

I don't like red.

🔊 **3** 音声を聞いて，まねして言いましょう。　　👂🗣【1問15点】

自分で言えたら✔チェックしよう。

☐①  I don't like black.
わたしは黒色が好きではありません。

☐②  I don't like blue.
わたしは青色が好きではありません。

🔊 **4** 次の3つの色のうち，1つはキャリーが好きな色で，2つは好きではない色です。音声を聞いて，キャリーが好きな色を選び，絵を〇でかこみましょう。　　👂【20点】

キャリー

ピンク　黄　白

キャリーの好きな色はどれかな？

5 あなたは図工の時間に，先生から好きな色と好きではない色をたずねられました。＿＿＿に入る英語を **2** から選んで，声に出して言ってみましょう。

自分で言えたら✔チェックしよう。　🗣【20点】

☐ I like ＿＿＿＿＿＿＿.
☐ I don't like ＿＿＿＿＿＿＿.

あなた　　先生

まとめ問題③ レッスン 6〜9

答えと解説は
別冊6ページ

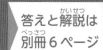

🔊 **1** 次の絵は，それぞれの人物が自己紹介をしている場面です。①と②の音声を聞いて，絵の中の＿＿＿＿にカタカナで書きましょう。 👂【1問10点】

①

> ぼくは＿＿＿＿＿＿だよ。

②

> わたしの名前は＿＿＿＿＿＿だよ。

🔊 **2** これから，2人の人物が自己紹介をします。①と②の音声を聞いて，どの人物の自己紹介か，絵の下に番号を書きましょう。 👂【1問10点】

Akira （　　）　Ryu （　　）　Himari （　　）　Yurina （　　）

Fair!		Good!	Great!	Excellent!
がんばったね。 復習してから再チャレンジ！		少しずつ 理解できているね。 復習しよう！	いいね！ あと一歩！	すごい！
	60点	80点	90点	100点

まとめ問題③
全部できたら

月　日

／100

3 次の表を見て，あなたが①〜③の人物になったつもりで，「わたしは〜色が好きです」と言ってみましょう。　　　【1問10点】

自分で言えたら☑チェックしよう。

		好きな色
□①	Kenta	青色
□②	Akemi	赤色
□③	Jeff	緑色

「わたしは〜が好きです」は I like 〜 . だね。

4 音声を聞いて，内容に合う絵の番号を〇でかこみましょう。　　　【30点】

①

②

英語圏の人の名前にはどのようなものがあるの？

カナタ

先生，昨日公園でアメリカ人の女の子と知り合いになったんだよ。

そうなの？　お話はできた？

佐藤先生

うん。その子がね，むねに手を当てて「I'm Anna.（わたしはアナです。）」って言ったんだ。だからぼくも同じようにして「I'm Kanata.（ぼくはカナタです。）」って言ったんだよ。

自己紹介ができたんだね。

お父さんがね，「アナ」（Anna / Ana）は聖母マリアのお母さんの名前だって。

「アン」（Ann / Anne），「アンナ」「アナ」の由来は，みな「聖母マリアの母の名前」なんだよ。

日本人の名前にも「あんな」（杏奈など）や「あん」（杏など）があるよね。

ジャスミン

カナダ人の友だちに「ケン」（Ken）という名前の子がいるんだけれど，このクラスにも「けん」（健）がいるね。

ノア

英語と日本語で，よくにた発音の名前はたくさんあるよ。

英語と日本語で，よくにた発音の名前の例

英語	カナ表記	日本語	英語	カナ表記	日本語
Mika	ミカ	みか（美佳）	Luca	ルカ	るか（瑠華）
Emily	エミリー	えみり（絵美里）	Ellie ／ Elly	エリー	えり（絵里）
Hannah	ハンナ	はな（華）	Joe	ジョー	じょう（穣）
George	ジョージ	じょうじ（譲二）	Kay	ケイ	けい（圭）
May	メイ	めい（芽以）	Sarah	サラ	さら（沙羅）
Rick	リック	りく（陸）	Louis	ルイ	るい（瑠衣）

「ミカ」「ルカ」は日本では主に女性の名前だけど，外国では男性の名前に使われるんだよ。「ジョー」は Joanna「ジョアンナ」の愛しょう（＝親しみをこめてよぶ名前）として，女性にも使われるよ。

親しい人は愛しょうでよぶことが多いの？

うん。わたしは友だちに Jazzy「ジャジー」とよばれることもあるよ。

へえー！　愛しょうだと印しょうが変わっておもしろいね。英語の名前にも，日本語の名前と同じように，時代によって流行があるの？

うん，あるよ。「ノア」は最近流行っている名前なんだ。

名前と愛しょうの例

女の子の名前	愛しょうの例	男の子の名前	愛しょうの例
Olivia (オリビア)	→ Via (ビア)	Oliver (オリバー)	→ Olly (オリー)
Emma (エマ)	→ Emmie (エミー)	Elijah (イライジャ)	→ Eli (イーライ)
Amelia (アメリア)	→ Amy (エイミー)	Lucas (ルーカス)	→ Luca (ルカ)
Sophia (ソフィア)	→ Sophie (ソフィー)	Mason (メイソン)	→ Mase (メイス)
Charlotte (シャーロット)	→ Charlie (チャーリー)	William (ウィリアム)	→ Will / Bill (ウィル / ビル)
Isabella (イザベラ)	→ Bella (ベラ)	Alexander (アレクサンダー)	→ Alex (アレックス)

自分の名前も愛しょうがあると，よんでもらいやすくなるね。英語圏の人の愛しょうを参考に，自分の愛しょうを考えてみよう！

数を覚えよう

答えと解説は
別冊7ページ

1 場面をイメージしながら，音声を聞きましょう。　【全部聞いて10点】

> りんごがほしいのですが。
> I want apples.
>
> もちろんです。いくついりますか。
> Sure. How many?
>
> 3つ，お願いします。
> Three, please.
>
> わかりました。
> OK.

> 店員さんが数を聞いて，ミオは数を答えているね。

2 音声を聞いて，数を表す単語をまねして言いましょう。

自分で言えたら✓チェックしよう。　【全部言って10点】

☐one	☐two	☐three	☐four	☐five	☐six	☐seven	☐eight	☐nine	☐ten
1	2	3	4	5	6	7	8	9	10

☐eleven	☐twelve	☐thirteen	☐fourteen	☐fifteen	☐sixteen
11	12	13	14	15	16

☐seventeen	☐eighteen	☐nineteen	☐twenty	☐twenty-one	☐twenty-two
17	18	19	20	21	22

☐twenty-three	☐twenty-four	☐twenty-five	☐twenty-six	☐twenty-seven
23	24	25	26	27

☐twenty-eight	☐twenty-nine	☐thirty	☐forty	☐fifty
28	29	30	40	50

あなたの年れいを表す数字を，英語で声に出して言ってみましょう。【20点】

How many?

🔊 3 音声を聞いて，英語の意味を確認しましょう。　🎧【全部聞いて20点】

How many?

「いくつ（必要）ですか。」

★ 相手に数をたずねるときはHow many?と言います。

★ 具体的なものを後ろに続けて，How many apples?などと言うこともできます。

★ 語びはふつうは下げて言います。

How だけだと手段をたずねてしまうので，必ず How many? と言うよ。

🔊 4 音声を聞いて，まねして言いましょう。　🎧🔊【20点】

自分で言えたら ✔チェックしよう。

いくついりますか。

How many?
いくつ（必要）ですか。

5 How many?とたずねる場面としてふさわしいものを選び，番号を〇でかこみましょう。　【20点】

① 冷ぞう庫のトマトを取って，とお願いされたとき。

② 駅で待ち合わせしよう，と言われたとき。

Three, please.

答えと解説は別冊7ページ

◀)) **1** 音声を聞いて，英語の意味を確認しましょう。 【全部聞いて10点】

Three, please.

「3つ，お願いします。」

★数を伝える言い方です。

★please は日本語の「どうぞ」や「お願いします」にあたる語で，ていねいにお願いするときに使います。

★please を使わずに Three. と数だけ言っても伝わりますが，店などでは please をつけたほうがていねいです。

"Three apples, please." など，数の後ろにものを表す単語を使ってもいいよ。

◀)) **2** 音声を聞いて，まねして言いましょう。 【1問15点】

自分で言えたら ✔チェックしよう。

□① **Two, please.**
2つ，お願いします。

□② **Four, please.**
4つ，お願いします。

3 Five, please. と答える場面としてふさわしいものを選び，番号を〇でかこみましょう。 【10点】

① 文具店でえんぴつを買おうとして，店員に「何本いりますか。」と聞かれたとき。

② 魚屋で魚を買い，店員に「全部で1,000円です。」と言われたとき。

🔊 ❹ 音声をまねして，果物を買おうとしている2人の人物に，店員になった
つもりで「いくつ（必要）ですか。」と数をたずねましょう。そのあと，そ
れぞれの人物が買う果物の数を数字で書きましょう。　👂👄【1問15点】

自分で言えたら ✔チェックしよう。

☐①  One, please.

買うももの数：　_____

☐②  Six, please.

買うオレンジの数：　_____

❺ あなたはお母さんにおつかいのメモをわたされて青果店にじゃがいもを
買いにきました。下のメモを見て，_____に入る英語を考えて，声に出
して言ってみましょう。　🔊【20点】

自分で言えたら ✔チェックしよう。

> おつかいメモ
> じゃがいも4個

店員

あなた

How many?

☐ _____,
please.

身の回りにあるものの数や，自分の年れいなど，
色々な数字を英語で言ってみよう。

レッスン 11 ◆天気・曜日・時間

今日の天気は？

答えと解説は別冊7ページ

1 場面をイメージしながら，音声を聞きましょう。 【全部聞いて10点】

天気をたずねたり，言ったりする表現だよ。

2 音声を聞いて，天気や寒暖を表す単語をまねして言いましょう。

自分で言えたら✔チェックしよう。 【全部言って10点】

□ sunny
晴れている

□ rainy
雨がふっている

□ cloudy
くもっている

□ snowy
雪がふっている

□ cold
寒い

□ hot
暑い

□ cool
すずしい

□ warm
あたたかい

① 今の天気や気温はどれがあてはまりますか。絵を〇でかこみましょう。
【15点】

② ①で選んだ天気や気温を英語で言ってみましょう。 【15点】

月　日

／100

🔊 **3** 音声を聞いて，英語の意味を確認しましょう。　🎧【全部聞いて10点】

● # How's the weather?

「天気はどうですか。」

★相手に天気をたずねる表現です。

★How's は How is を短くした言い方です。

★how＝「どんな」　is＝「～です」　weather＝「天気」

★文の終わりにはクエスチョンマークをつけます。

下がり調子で言うよ。

🔊 **4** 音声を聞いて，まねして言いましょう。　🎧🗣【20点】

自分で言えたら✔チェックしよう。

☐ 　How's the weather?
天気はどうですか。

5 あなたはオンラインで，下の絵の男の子とビデオ通話をしています。
How's the weather? は，相手に何をたずねたいときに使う表現ですか。
①～③がしめす絵から選び，番号を〇でかこみましょう。　【20点】

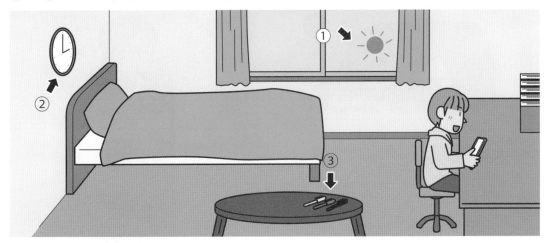

It's sunny.

答えと解説は
別冊7ページ

◀》**1** 音声を聞いて，英語の意味を確認しましょう。 ◉【全部聞いて10点】

It's sunny.

「晴れています。」

★天気を表す言い方です。

★It'sはIt isを短くした言い方です。

★It's 〜. で今［今日］の天気を表すことができますが，文末にnow（今）や
today（今日）をつけてもよいです。

例 It's sunny today.（今日は晴れています。）

"How's the weather?" と聞かれたら，"Sunny." の
ように単語だけ言っても伝わるよ。

◀》**2** 音声を聞いて，まねして言いましょう。 ◉◉【1問10点】

自分で言えたら ✔チェックしよう。

□①  It's rainy.
雨がふっています。

□② It's hot.
暑いです。

◀》**3** 音声を聞いて，内容に合う絵の番号を〇でかこみましょう。 ◉【10点】

①  ②

③  ④

How's the weather?
— It's sunny.

4 音声をまねして，外国に住んでいる2人の友だちに今の天気をたずねましょう。そのあと，それぞれの友だちが住む町の天気を下のマークから選んで書きましょう。 【1問20点】

自分で言えたら ✔チェックしよう。

□①

It's rainy.

ロンドンの天気： _____

□②

It's sunny.

ニューヨークの天気： _____

天気マーク

5 あなたはパリに住んでいる友だちのジムと国際電話をしています。あなたの町の今の天気を確認して，_____に入る英語をP.40から選んで，声に出して言ってみましょう。 【20点】

自分で言えたら ✔チェックしよう。

How's
the weather?

ジム　　あなた

□It's _____.

「晴れ」「雨」などに加えて，「寒い」「暑い」「すずしい」「あたたかい」も言えるかな。

今日は何曜日？

答えと解説は
別冊8ページ

🔊 **1** 場面をイメージしながら，音声を聞きましょう。　👂【全部聞いて10点】

> ええと，今日は何曜日だっけ？
> Well, what day is it today?

> 月曜日だよ。
> It's Monday.

> しまった！　宿題やってないや！
> Oh, no!　I forgot to do my homework!

> それはまずいわね。
> That's too bad.

> あれ，今日は何曜日だっけ…って言うとき，けっこうあるよね。

🔊 **2** 音声を聞いて，曜日を表す単語をまねして言いましょう。

自分で言えたら ✔チェックしよう。　👂🔊【全部言って10点】

☐ Sunday
日曜日

☐ Monday
月曜日

☐ Tuesday
火曜日

☐ Saturday
土曜日

☐ Wednesday
水曜日

☐ Friday
金曜日

☐ Thursday
木曜日

① あなたが好きな曜日は何曜日ですか。上の絵を〇でかこみましょう。【15点】
② ①で選んだ単語を英語で言ってみましょう。　🔊【15点】

What day is it today?

🔊 **3** 音声を聞いて，英語の意味を確認しましょう。　👂【全部聞いて10点】

What day is it today?

「今日は何曜日ですか。」

★相手に今日の曜日をたずねる表現です。

★what＝「何」　day＝「曜日」　is＝「～です」　today＝「今日は」

★文の終わりはクエスチョンマークにします。

> What day is it? や What day is today? も同じ意味だよ。

🔊 **4** 音声を聞いて，まねして言いましょう。　👂🗣【20点】

自分で言えたら ✔チェックしよう。

 ？　What day is it today?
今日は何曜日ですか。

5 What day is it today? は，下のカレンダーのどの部分についてたずね
たいときに使いますか。番号を○でかこみましょう。　【20点】

It's Monday.

答えと解説は
別冊8ページ

◀)) **1** 音声を聞いて，英語の意味を確認しましょう。 【全部聞いて10点】

It's Monday.

「月曜日です。」

★曜日を表す言い方です。

★It'sはIt isを短くした言い方です。

★文末にtoday（今日）をつけてもよいです。

例 It's Monday today.（今日は月曜日です。）

> 曜日を表す単語は，文中でも必ず最初のアルファベットを
> 大文字で書くよ。　例） Monday, Sunday など

◀)) **2** 音声を聞いて，まねして言いましょう。 【1問10点】

自分で言えたら ☑チェックしよう。

□①  It's Wednesday.
水曜日です。

□② It's Friday.
金曜日です。

◀)) **3** 下の表を見てから，今日の曜日を表す音声を聞いて，今日の習い事は何か，
絵を〇でかこみましょう。 【20点】

習い事						
Sunday	Monday	Tuesday	Wednesday	Thursday	Friday	Saturday
けん道	水泳	じゅく	水泳	サッカー	じゅく	ピアノ

🔊 **4** 音声をまねして，友だちに今日の曜日を聞きましょう。そのあと，それぞれの友だちが答えた曜日を選び，好きな色でぬりましょう。

自分で言えたら ✔チェックしよう。　👂👄【1問15点】

□①

Sunday　Monday　Tuesday
Saturday　Wednesday
Friday　Thursday

□②

Sunday　Monday　Tuesday
Saturday　Wednesday
Friday　Thursday

5 あなたは友だちのジュディに質問されました。＿＿＿に入る今日の曜日をP.44から選んで，声に出して言ってみましょう。　👄【20点】

自分で言えたら ✔チェックしよう。

What day is it today?

ジュディ　あなた

□It's ＿＿＿＿＿＿.

発音にまよったら P.44 の音声で確認しよう！

1 場面をイメージしながら，音声を聞きましょう。　【全部聞いて10点】

時こくを表すときも It's を使うんだね。

2 音声を聞いて，数字を表す単語をまねして言いましょう。P.36も参考にしましょう。　自分で言えたら ✔チェックしよう。　【全部言って10点】

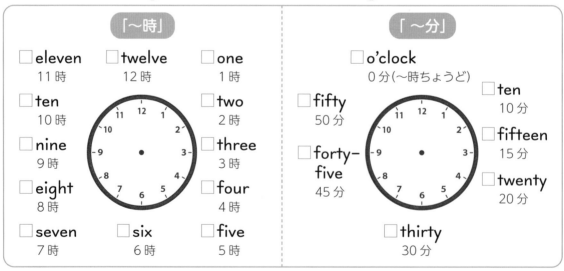

① 今の時こくは何時何分ですか。「～時」は左上の絵に，「～分」は右上の絵にそれぞれはりを書きましょう。　【15点】

② ①で書いた時こくの数字を，それぞれ英語で言ってみましょう。【15点】

What time is it?

🔊 **3** 音声を聞いて，英語の意味を確認しましょう。　　🎧【全部聞いて10点】

What time is it?

「今，何時ですか。」

★相手に今の時こくをたずねる表現です。

★what＝「何」　time＝「時間」　is＝「〜です」

★文の最後にnow(今)をつけて，What time is it now?とも言います。

★What time is it?と，文末は下げて言います。

> 文の終わりはクエスチョンマークを
> わすれずに書こう。

🔊 **4** 音声を聞いて，まねして言いましょう。　　🎧🗣【20点】

自分で言えたら ✔チェックしよう。

❓ What time is it ?
今，何時ですか。

5 What time is it?は，下の写真のどの部分についてたずねたいときに使いますか。番号を○でかこみましょう。　　【20点】

It's 10:30.

答えと解説は
別冊8ページ

🔊 **1** 音声を聞いて，英語の意味を確認しましょう。　　　👂【全部聞いて10点】

・ # It's 10:30.

「10時30分です。」

★今の時こくを表す言い方です。

★It's は It is を短くした言い方です。

★時こくは「〜時」→「〜分」の順に言います。

★「〜時ちょうど（＝0分）」のときは，〜 o'clock と言います。o'clock は省りゃくすることができます。ちょうどでないときはつけません。

例 It's 10:00. （今は10時ちょうどです。）

ten o'clock または ten と読みます。

🔊 **2** 音声を聞いて，まねして言いましょう。　　　👂🗣【1問15点】

自分で言えたら ✔チェックしよう。

☐① It's 7:20.
7時20分です。

☐② It's 3:00.
3時です。

🔊 **3** 音声を聞いて，内容に合う絵を〇でかこみましょう。　　　👂【10点】

①

②

③

What time is it?
— It's 10:30.

レッスン13
全部できたら

月　日

/100

🔊 **4** 音声をまねして，友だちに今の時こくをたずねましょう。そのあと，それぞれの友だちが答えた時こくを表すように，時計にはりをかきましょう。

自分で言えたら ✔チェックしよう。　👂🗣【1問15点】

□①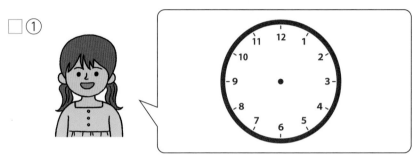

□②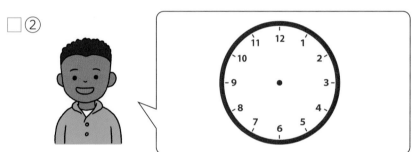

5 あなたは友だちのケイトに質問されました。＿＿＿＿に入る英語を，声に出して言ってみましょう。

🗣【20点】

自分で言えたら ✔チェックしよう。

What
time is it?

ケイト　　あなた

□It's ＿＿＿＿＿＿＿.

「～分」の部分は正確に言えるようになろう！

まとめ問題④ レッスン 10〜13

答えと解説は別冊9ページ
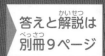

🔊 **1** ①と②の音声を聞いて，それぞれの内容に合う絵を〇でかこみましょう。

👂【1問10点】

Fair!		Good!	Great!	Excellent!
がんばったね。 復習してから再チャレンジ！		少しずつ 理解できているね。 復習しよう！	いいね！ あと一歩！	すごい！
	60点	80点	90点	100点

まとめ問題④
全部できたら

月　日

／100

🔊 **2** 次の①〜③の文が対話として成り立つように，ア〜ウの音声を聞いて，答えの英語を選び，記号を〇でかこみましょう。 👂【1問10点】

① What time is it?　　　ア　　　イ　　　ウ

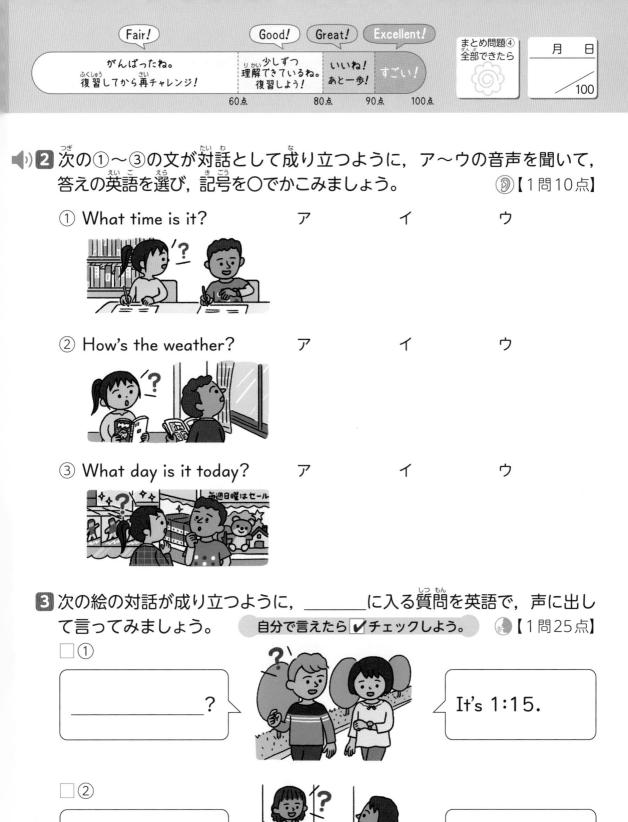

② How's the weather?　　ア　　　イ　　　ウ

③ What day is it today?　　ア　　　イ　　　ウ

3 次の絵の対話が成り立つように，_____に入る質問を英語で，声に出して言ってみましょう。　自分で言えたら ✔チェックしよう。　🔊【1問25点】

☐①

_____?

It's 1:15.

☐②

_____?

It's Saturday.

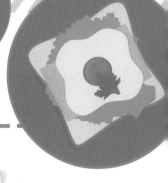

これって英語？

ミオ

先生，イギリス人の友だちに「パン」って言ったら，
通じなかったんです。「パン」って英語じゃないんですか？

佐藤先生

「パン」はポルトガル語から来たことばなんだ。英語では bread［ブレッド］と言うよ。「コップ」や「カルタ」もポルトガル語由来だよ。戦国時代に日本にやって来たポルトガル人が伝えたんだ。

英語にも外国語から取り入れられたことばは
あるんですか？

dinner「ディナー，夕食」はフランス語由来だし，ketchup「ケチャップ」はもともと中国語から来ているよ。日本語の sushi「すし」や emoji「絵文字」も今は英単語として使われているよ。

日本語由来の英語もあるんですね！

英語になった外来語	由来の言語	元のことばと意味
restaurant（レストラン）	フランス語	restaurer =「回復する」
tornado（トルネード，竜巻）	スペイン語	tornada =「激しい雷雨」
spaghetti（スパゲッティ）	イタリア語	spaghetti =「糸」
shampoo（シャンプー）	ヒンディー語	chāmpnā =「押す」
coffee（コーヒー）	アラビア語	qahwa =「コーヒー」
tulip（チューリップ）	トルコ語	tülbend =「ターバン」
karaoke（カラオケ）	日本語	カラオケ

英語から来ている日本語は，「テレビ」や「エアコン」のように略されているものが多いですよね。

うん。英語を話すとき，カタカナ語をそのまま言っても通じないことがあるから注意しないとね。
「和製英語」といって，英語のようだけど英語ではないカタカナ語もあるから気をつけよう。「ペットボトル」や「シャープペンシル」も和製英語だよ。

英語だと思っていたけど英語ではない単語ってたくさんあるんですね！

英語が略されている日本語

日本語	英語での言い方
テレビ	television［テレヴィジョン］／ TV［ティーヴィー］
エアコン	air conditioner［エア コンディショナァ］

英語とは意味がちがう日本語

日本語	英語での言い方	英語での意味
ノート	notebook［ノウトブック］	note（ノート）は「メモ」という意味。
マンション	apartment［アパートメント］	mansion（マンション）は「豪邸」という意味。

和製英語

和製英語	英語での言い方
ペットボトル	plastic bottle［プラスティック バトゥル］
アメリカンドッグ	corn dog［コーンドーグ］

◆ 聞いてみよう

えんぴつ持ってる？

答えと解説は
別冊9ページ

🔊 **1** 場面をイメージしながら，音声を聞きましょう。 👂【全部聞いて10点】

ねえ，ノア。
Hey, Noah.
えんぴつ持ってる？
Do you have a pencil?

うん，持ってるよ。
Yes, I do.

はい，どうぞ。
Here you are.

ありがとう。
Thank you.

 ジャスミンはノアに何をたずねたのかな？

🔊 **2** 音声を聞いて，文ぼう具を表す単語をまねして言いましょう。

自分で言えたら ✔ チェックしよう。 👂👄【全部言って10点】

☐ pencil
えんぴつ

☐ pen
ペン

☐ glue stick
のり

☐ scissors
はさみ

☐ eraser
消しごむ

☐ ruler
定規

☐ marker
マーカー

☐ pencil case
筆箱

① あなたのお気に入りの文ぼう具はどれですか。絵を〇でかこみましょう。

【15点】

② ①で選んだ単語を英語で言ってみましょう。 👄【15点】

◆)) **3** 音声を聞いて，英語の意味を確認しましょう。　　👂【全部聞いて10点】

● # Do you have a pencil?

「あなたはえんぴつを持っていますか。」

★相手に持っているものをたずねる表現です。

★haveは「〜を持っている」という意味です。

★1つのものを表す単語の前には*a*を置きます。

　例 a pencil ＝「(1本の) えんぴつ」

★ものの名前が母音(a,i,u,e,o) で始まるときは，*a*ではなく*an*を置きます。

　例 an eraser ＝「(1個の) 消しごむ」

★scissorsには*a*は使いません。

◆)) **4** 音声を聞いて，まねして言いましょう。　　👂👄【1問10点】

自分で言えたら ✔チェックしよう。

☐① Do you have a pen?
あなたはペンを持っていますか。

☐②  Do you have a marker?
あなたはマーカーを持っていますか。

◆)) **5** 音声を聞いて，内容に合う絵の番号を〇でかこみましょう。　　👂【20点】

①

自分の持っている定規の数を教える
とき。

②

相手に定規を持っているかたずねる
とき。

答えと解説は
別冊9ページ

Yes, I do. / No, I don't.

1 音声を聞いて，英語の意味を確認しましょう。 【全部聞いて10点】

Yes, I do. / No, I don't.

「はい（，持っています）。／いいえ（，持っていません）。」

★ Do you 〜?（あなたは〜しますか）の疑問文に対する答えの文です。

★「はい」と答えるときはYes, I do.，「いいえ」と答えるときはNo, I don't. と言います。

★ don'tはdo notを短くした言い方です。

★ Do you have〜?とたずねられて，かしてあげるときはHere you are.「はい，どうぞ。」などと言います。

2 音声を聞いて，まねして言いましょう。 【1問10点】

自分で言えたら ✔チェックしよう。

□① Yes, I do.
はい。

□② No, I don't.
いいえ。

3 ①と②の音声を聞いて，それぞれの内容に合う絵を○でかこみましょう。

【1問10点】

①

②

🔊 **4** 音声をまねして，相手に持ち物をたずねましょう。そのあと，たずねた
ものを絵から選び，〇でかこみましょう。

自分で言えたら ✔チェックしよう。 👂👄【1問15点】

☐ ①

☐ ②

5 あなたは友だちのジョナサンに質問をされました。＿＿＿＿に入る英語を
考えて，あなたの立場で声に出して言ってみましょう。

自分で言えたら ✔チェックしよう。 👄【20点】

 Do you have a pencil case?

ジョナサン　あなた

☐ ＿＿＿＿＿＿＿＿＿＿．

かしてあげるときは，Here you are. と
言ってみよう。

答えと解説は
別冊10ページ

🔊 **1** 場面をイメージしながら，音声を聞きましょう。　👂【全部聞いて10点】

> ねえ，ミオ，ぬき打ちクイズだよ。
> Hey Mio, pop quiz.
>
> いいよ。
> OK.
>
> これは何でしょう？
> What's this?
>
> それはうさぎだね。
> It's a rabbit.

> 目の前のものが何かたずねるとき，
> 説明するときに使う言い方だよ。

🔊 **2** 音声を聞いて，動物を表す単語をまねして言いましょう。

自分で言えたら ✔チェックしよう。　👂👄【全部言って10点】

☐ bear　　　　☐ elephant　　　☐ monkey　　　☐ horse
くま　　　　　ぞう　　　　　　さる　　　　　馬

☐ rabbit　　　☐ bird　　　　　☐ dog　　　　　☐ cat
うさぎ　　　　鳥　　　　　　　犬　　　　　　ねこ

① あなたのお気に入りの動物はどれですか。絵を〇でかこみましょう。

【15点】

② ①で選んだ動物を英語で言ってみましょう。　👄【15点】

◀ ⑶ 音声を聞いて，英語の意味を確認しましょう。　◎【全部聞いて10点】

What's this?

「これは何ですか。」

★近くにあるものが何かをたずねる言い方です。
★What's は What is を短くした言い方です。
★what =「何」　is =「〜です」　this =「これは」
★文の終わりはクエスチョンマークにします。

ものを指さしながら言うとわかりやすいね。

◀ ⑷ 音声を聞いて，まねして言いましょう。　◎◉【20点】

自分で言えたら ✔ チェックしよう。

☐ ？　What's this?
　　　　これは何ですか。

⑸ What's this?とたずねる場面にふさわしいものを選び，番号を〇でかこみましょう。
【20点】

① これだれの？

② これは何？

61

答えと解説は
別冊 10 ページ

🔊 **1** 音声を聞いて，英語の意味を確認しましょう。　　👂【全部聞いて10点】

It's a rabbit.

「それはうさぎです。」

★「それは〜です。」とものを説明する言い方です。
★It's は It is を短くした言い方です。
★it =「それは」　is =「〜です」　rabbit =「うさぎ」

> What's this?（これは何？）に対しては，
> A rabbit.（うさぎだよ。）だけでも伝わるよ。

🔊 **2** 音声を聞いて，まねして言いましょう。　　👂🗣【1問10点】

自分で言えたら ✔チェックしよう。

☐① It's a monkey.
　　　それはさるです。

☐②  It's a bird.
　　　それは鳥です。

3 What's this? の質問に対して，下の絵のキーホルダーを見て英語で言ってみましょう。
　　　🗣【1問10点】

自分で言えたら ✔チェックしよう。

☐①

☐②

🔊 **4** 音声をまねして，友だちが持っているクッキーについて「これは何？」とたずねましょう。そのあと，それぞれの友だちの答えに合うクッキーを選び，〇でかこみましょう。

👂🗣【1問15点】

自分で言えたら ✔チェックしよう。

□①

□②

5 あなたは，好きな動物を絵にかいたところ，友だちのベスに質問されました。_____に入る英語をP.60から選んで，声に出して言ってみましょう。

自分で言えたら ✔チェックしよう。　🗣【20点】

What's this?

ベス　　あなた

□It's _____.

くり返し発音して，いろんな動物を言えるようになろう！

1 場面をイメージしながら，音声を聞きましょう。 【全部聞いて10点】

カレーライスを作ろう！
Let's cook curry and rice!

うん！
OK!

まず，野菜を切ろうよ。
First, let's cut vegetables.

ほしいものは何？
What do you want?

にんじんがほしいな。
I want a carrot.

want は「〜がほしい」っていう意味なんだね。

2 音声を聞いて，野菜を表す単語をまねして言いましょう。

自分で言えたら ☑チェックしよう。　【全部言って10点】

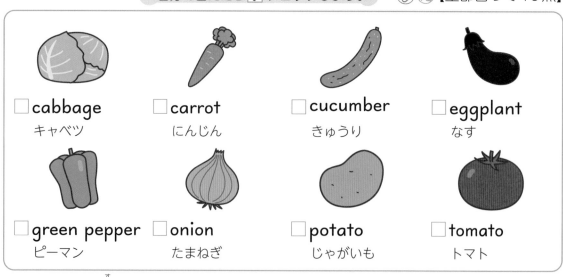

☐cabbage　キャベツ　☐carrot　にんじん　☐cucumber　きゅうり　☐eggplant　なす

☐green pepper　ピーマン　☐onion　たまねぎ　☐potato　じゃがいも　☐tomato　トマト

① あなたの好きな野菜はどれですか。絵を〇でかこみましょう。 【15点】

② ①で選んだ野菜を英語で言ってみましょう。 【15点】

What do you want?

◀))3 音声を聞いて，英語の<ruby>意<rt>い</rt></ruby><ruby>味<rt>み</rt></ruby>を<ruby>確<rt>かく</rt></ruby><ruby>認<rt>にん</rt></ruby>しましょう。　◎【全部聞いて10点】

What do you want?

「あなたは何がほしいですか。」

★<ruby>相<rt>あい</rt></ruby><ruby>手<rt>て</rt></ruby>にほしいものをたずねる<ruby>表<rt>ひょう</rt></ruby><ruby>現<rt>げん</rt></ruby>です。

★what＝「何」　you＝「あなたは」　want＝「〜がほしい」

<ruby>文<rt>ぶん</rt></ruby><ruby>末<rt>まつ</rt></ruby>は上げずに，下げて言うよ。

◀))4 音声を聞いて，まねして言いましょう。　◎◉【20点】

自分で言えたら☑チェックしよう。

□ What do you want?
あなたは何がほしいですか。

5 What do you want?とたずねる場面としてふさわしいものを選び，<ruby>番<rt>ばん</rt></ruby><ruby>号<rt>ごう</rt></ruby>を〇でかこみましょう。　【20点】

① バスの<ruby>時<rt>じ</rt></ruby>こく<ruby>表<rt>ひょう</rt></ruby>を見て，今の時こくを近くの人にたずねるとき。

② 買い<ruby>物<rt>もの</rt></ruby>で，弟にほしいものをたずねるとき。

I want a carrot.

答えと解説は
別冊11ページ

1 音声を聞いて，英語の意味を確認しましょう。 【全部聞いて10点】

I want a carrot.

「わたしはにんじんがほしいです。」

★自分のほしいものを言う表現です。

★I＝「わたしは」　want＝「〜がほしい」　a carrot＝「(1本の) にんじん」

★a[an] は1つのものということを表しています。

★2つ以上の場合は，two carrots のように単語にsをつけます。potato と tomato は es をつけて two potatoes, two tomatoes となります。

例 two carrots (2本のにんじん)　　three eggplants (3個のなす)

two potatoes (2個のじゃがいも)　　two tomatoes (2個のトマト)

2 音声を聞いて，まねして言いましょう。 【1問15点】

自分で言えたら ✔チェックしよう。

☐① I want a tomato.
わたしはトマトが (1個) ほしいです。

☐② I want two eggplants.
わたしはなすが2個ほしいです。

3 音声を聞いて，内容に合う絵の番号を〇でかこみましょう。 【10点】

① ② ③

レッスン16
全部できたら

月　日

／100

🔊 **4** 音声をまねして，友だちにほしいものは何かをたずねましょう。そのあと，それぞれの友だちの答えに合う野菜を絵から選び，〇でかこみましょう。また，その数を数字で書きましょう。　👂🗣【1問15点】

自分で言えたら ✔チェックしよう。

□①

数：＿＿＿＿＿＿＿＿＿＿＿＿

□②

数：＿＿＿＿＿＿＿＿＿＿＿＿

5 あなたは友だちのテッドに質問されました。＿＿＿＿に入る英語をP.64の野菜の中から選んで，声に出して言ってみましょう。　🗣【20点】

自分で言えたら ✔チェックしよう。

What do you
want?

テッド　　あなた

□I want
＿＿＿＿＿＿＿＿＿.

1つのときは a[an] や one を使って，2つ以上のときは野菜を表す単語に (e)s をつけることに注意しようね。

好きなスポーツは何？

答えと解説は別冊11ページ

🔊 **1** 場面をイメージしながら，音声を聞きましょう。　👂【全部聞いて10点】

サッカーがじょうずだね！
You play soccer well!

ありがとう。わたしはサッカーが好きなんだ。
Thanks. I like soccer.

あなたはどんなスポーツが好き？
What sport do you like?

ぼくはテニスが好きだよ。
I like tennis.

「好きな〜は何？」と具体的にたずねる言い方だね。

🔊 **2** 音声を聞いて，それぞれのジャンルを表す単語をまねして言いましょう。

　自分で言えたら✅チェックしよう。　👂👄【全部言って10点】

☐ **sport**
スポーツ

☐ **food**
食べ物

☐ **vegetable**
野菜

☐ **fruit**
果物

☐ **color**
色

☐ **animal**
動物

① あなたが友だちに聞いてみたい好きなものはどれですか。絵を〇でかこみましょう。　【15点】

② ①で選んだ単語を英語で言ってみましょう。　👄【15点】

What sport do you like?

🔊 **3** 音声を聞いて，英語の意味（いみ）を確認（かくにん）しましょう。　👂【全部聞いて10点】

What sport do you like?

「あなたは何のスポーツが好きですか。」

★whatの後ろにジャンルを表す単語を置（お）いて，相手（あいて）に好きなものを具体的に
たずねる言い方です。

What ＋ <u>sport</u>など ＋ do you like?
　　　　2の単語

> whatの後ろのsportはsportsとしてもいいよ。
> とくに2つ以上（いじょうあ）挙げてほしいときはsport<u>s</u>と言おう。

🔊 **4** 音声を聞いて，まねして言いましょう。　👂👄【1問（もん）10点】

自分で言えたら☑チェックしよう。

☐①  What food do you like?
あなたは何の食べ物が好きですか。

☐② What vegetable do you like?
あなたは何の野菜が好きですか。

🔊 **5** 音声を聞いて，内容（ないよう）に合う絵の番号（ばんごう）を〇でかこみましょう。　👂【20点】

① 動物園に来て，友だちの好きな動物
　を聞くとき。

② 友だちとぬり絵をして，友だちの好
　きな色を聞くとき。

I like volleyball.

🔊 **1** 音声を聞いて，英語の意味を確認しましょう。　　👂【全部聞いて10点】

I like volleyball.

「わたしはバレーボールが好きです。」

★likeの後ろに数えられる単語がくるときは，(e)sをつけた形にします。
　例 I like carrots. (わたしはにんじんが好きです。)
　　 I like dogs. (わたしは犬が好きです。)
★What sports do you like?と聞かれたら，好きなものをいくつか答えましょう。
　例 I like tennis and baseball. (わたしはテニスと野球が好きです。)

スポーツや色を表す単語には(e)sは
つけないから注意しよう！

🔊 **2** 音声を聞いて，答えの文をまねして言いましょう。　　👂🗣【1問15点】

自分で言えたら ✔チェックしよう。

□① { What animal do you like?
　　　　　{ I like **cats.** 　わたしはねこが好きです。

□② { What color do you like?
　　　　{ I like **blue.** 　わたしは青色が好きです。

🔊 **3** 音声を聞いて，内容に合う絵の番号を〇でかこみましょう。　　👂【10点】

① ② ③

🔊 **4** 音声をまねして，友だちに好きなものは何かをたずねましょう。そのあと，
それぞれの友だちが答えた好きなものを絵から選び，○でかこみましょう。

👂👄【1問15点】

自分で言えたら ✔チェックしよう。

□①

□②

5 あなたは友だちのマイルズに質問されました。_____に入る英語をP.29
から選んで，声に出して言ってみましょう。　👄【20点】

自分で言えたら ✔チェックしよう。

What sport
do you like?

マイルズ　　　　　　あなた

□I like
_____.

自分の好きなものをしっかり
言えるようになろう！

71

まとめ問題⑤ レッスン 14〜17

答えと解説は
別冊12ページ
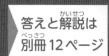

1 次のそれぞれの文が対話として成り立つように，線で結びましょう。

【1問10点】

① What color do you like?　●

●　I like strawberries.

② What do you want?　●

●　It's a pencil case.

③　Do you have a glue stick?　●

●　I like table tennis.

④ What fruit do you like?　●

●　I want a tomato.

⑤ What's this?　●

●　I like black.

⑥ What sport do you like?　●

●　No, I don't.

2 次の①・②の自己紹介カードを見て，2人の友だちに？？？の部分をたずねるとき，英語で何と言いますか。声に出して言ってみましょう。
③はあなた自身のことについて，カードに日本語で書いてから，英語で声に出して言ってみましょう。

【①・②は1問10点，③は20点】

自分で言えたら ✔ チェックしよう。

☐ ①

自己紹介カード

名前：　　Daichi Ito

好きな食べ物：　curry and rice

好きなスポーツ：　？？？

好きな色：　green

☐ ②

自己紹介カード

名前：　　Tanabe Mina

好きな食べ物：　hot dogs

好きなスポーツ：　softball

好きな色：　？？？

☐ ③

自己紹介カード

名前：

好きな食べ物：

好きなスポーツ：

好きな色：

場所の紹介

答えと解説は
別冊12ページ

🔊 **1** 場面をイメージしながら，音声を聞きましょう。　　👂【全部聞いて10点】

これがぼくの学校だよ。ぼくのお気に入りの場所なんだ。
This is **my school.** It's
my favorite place.

● **This is my school. It's my favorite place.**

「これはわたしの学校です。それはわたしのお気に入りの場所です。」

★ This is 〜.（これ［こちら］は〜です。）で，目の前の場所などを紹介します。

★ my＝「わたしの」　favorite＝「お気に入りの」　place＝「場所」　It's＝It is

🔊 **2** 音声を聞いて，場所を表す単語をまねして言いましょう。

　　　　　自分で言えたら ✔ チェックしよう。　　👂👄【全部聞いて10点】

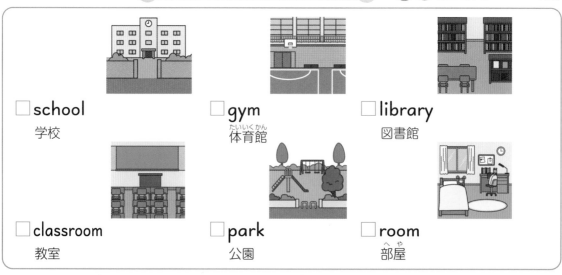

☐ school
学校

☐ gym
体育館

☐ library
図書館

☐ classroom
教室

☐ park
公園

☐ room
部屋

① あなたが今いる場所，またはいちばん近い場所はどれですか。絵を〇
　でかこみましょう。　　　　　　　　　　　　　　　　　　【10点】

② ①で選んだ場所を英語で言ってみましょう。　　　　　🔊【10点】

This is my school. It's my favorite place.

レッスン18
全部できたら

月 日
／100

3 音声を聞いて，まねして言いましょう。 【1問10点】

自分で言えたら ✔チェックしよう。

□① This is a gym.
これは体育館です。

□② It's my favorite place.
それはわたしのお気に入りの場所です。

4 2人の話を聞いて，お気に入りの場所を正しく線で結びましょう。

【1問10点】

①
タクヤ

②
ジーン

5 あなたはジョンにあなたのお気に入りの場所を伝えようとしています。
_____ に入る英語を**2**から選んで，声に出して言ってみましょう。

自分で言えたら ✔チェックしよう。 【20点】

□This is _____.
It's my favorite place.

あなた

ジョン

「自分の学校」「自分の部屋」と
言うときは，my を使うよ。

テニスをしよう

答えと解説は
別冊 13 ページ

◀)) 1 場面をイメージしながら，音声を聞きましょう。　　◎【全部聞いて10点】

いっしょに何かしようとさそう表現だね。

◀)) 2 音声を聞いて，動作を表す単語をまねして言いましょう。

自分で言えたら ✔ チェックしよう。　　◎◎【全部言って10点】

① あなたが今日した動作，またはする予定の動作はどれですか。絵を○でかこみましょう。　　【15点】
② ①で選んだ動作を英語で言ってみましょう。　　【15点】

Let's play tennis.

🔊 **3** 音声を聞いて，英語の意味を確認しましょう。　　🎧【全部聞いて10点】

Let's play tennis.

「テニスをしましょう。」

★相手に「〜しましょう」とさそう言い方です。

★Let'sはLet usを短くした言い方です。言うときも書くときも，ふつうは Let'sの形を使います。

★let's＝「〜をしましょう」　play tennis＝「テニスをする」

Let's の後ろに動きを表す単語がくるよ。

🔊 **4** 音声を聞いて，まねして言いましょう。　　🎧🗣【1問10点】

自分で言えたら✔チェックしよう。

□①
Let's sing.
歌いましょう。

□②
Let's go to the library.
図書館へ行きましょう。

5 Let's play soccer. を使う場面としてふさわしいものを選び，番号を〇 でかこみましょう。　　【20点】

① いっしょにサッカーが したいな…。

② サッカーが好きか聞いて みようかな…。

Sure.

答えと解説は
別冊13ページ

1 音声を聞いて，英語の意味を確認しましょう。 【全部聞いて10点】

● Sure.

「いいよ。」

★ Let's 〜. (〜しましょう。) という相手のさそいを受け入れる言い方です。
★ 単に Yes. (はい。) や，OK. (わかりました。)，Yes, let's. (はい，そうしましょう。) などでもよいです。
★ 相手のさそいをことわるときは，Sorry. (ごめんなさい。) や No, let's not. (いいえ，よしましょう。) と言います。

No, let's not. よりも Sorry. のほうが
よく使うよ。

2 音声を聞いて，まねして言いましょう。 【1問10点】

自分で言えたら ✔チェックしよう。

☐① Sure.
いいですよ。

☐② Sorry.
ごめんなさい。

3 音声を聞いて，内容に合う絵の番号を〇でかこみましょう。 【20点】

①

②

4 音声をまねして，友だちをさそう表現を言いましょう。そのあと，それぞれの友だちをさそった場所を絵から選び，〇でかこみましょう。

自分で言えたら ✔ チェックしよう。　【1問15点】

☐ ①

体育館　　　　部屋　　　　図書館　　　　公園

☐ ②
 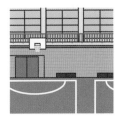 

教室　　　　学校　　　　体育館　　　　公園

5 あなたは友だちのベンから下のようにさそわれました。あなたの今の気持ちを，英語で声に出して言ってみましょう。　【20点】

自分で言えたら ✔ チェックしよう。

Let's play baseball.

ベン　　　あなた

☐ ＿＿＿＿＿＿＿＿＿.

友だちといっしょにしたいことを考えて，さそえるようになろう！

レッスン 20 一日の生活

🔊 **1** 場面をイメージしながら，音声を聞きましょう。　👂【全部聞いて50点】

こんにちは，みなさん。　ぼくの一日の生活を紹介したいと思います。
Hi, everyone. I'd like to introduce my daily life.

① ぼくは7時に起きます。
I wake up at 7:00.

★ wake up＝「起きる」

② ぼくは7時10分に顔をあらいます。
I wash my face at 7:10.

★ wash my face＝「顔をあらう」

③ ぼくは7時20分に歯をみがきます。
I brush my teeth at 7:20.

★ brush my teeth＝「歯をみがく」

④ ぼくは7時30分に朝食を食べます。
I have breakfast at 7:30.

★ have breakfast＝「朝食を食べる」

⑤ ぼくは8時に家を出ます。（ぼくは8時に学校へ行きます。）
I leave my house at 8:00. (I go to school at 8:00.)

★ leave my house＝「(自分の)家を出る」
★ go to school＝「学校へ行く」

⑥　ぼくは4時に帰たくします。
I go home at 4:00.

ぼくは4時30分にテレビゲームをします。
I play video games at 4:30.

★ go home =「帰たくする」
★ play video games =
　「テレビゲームをする」

⑦　ぼくは5時に宿題をします。
I do my homework at 5:00.

★ do my homework =
　「(自分の) 宿題をする」

⑧　ぼくは6時に夕食を食べます。
I have dinner at 6:00.

★ have dinner =
　「夕食を食べる」

⑨　ぼくは7時にテレビを見ます。
I watch TV at 7:00.

ぼくは7時30分におふろに入ります。
I take a bath at 7:30.

★ watch TV =「テレビを見る」
★ take a bath =「ふろに入る」

⑩　ぼくは8時に本を読みます。
I read books at 8:00.

ぼくは9時にねます。
I go to bed at 9:00.

★ read books =「本を読む」
★ go to bed =「ねる」

①　あなたが今日すでにしたことは，上の①〜⑩のどれですか。絵を○でかこみましょう。【25点】

②　①で選んだ場面を英語で言ってみましょう。【25点】

一日の習かんを，時こくといっしょに言えるようになろう！

🔊 **1** 音声を聞いて，まねして言いましょう。 👂👄【1問5点】

自分で言えたら ✔チェックしよう。

☐①
I wake up at 7:00.
わたしは7時に起きます。

☐②
I wash my face at 7:10.
わたしは7時10分に顔をあらいます。

☐③
I brush my teeth at 7:20.
わたしは7時20分に歯をみがきます。

☐④
I have breakfast at 7:30.
わたしは7時30分に朝食を食べます。

☐⑤
I leave my house at 8:00.
わたしは8時に家を出ます。

☐⑥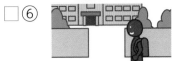
I go to school at 8:00.
わたしは8時に学校へ行きます。

☐⑦
I go home at 4:00.
わたしは4時に帰たくします。

☐⑧
I do my homework at 5:00.
わたしは5時に宿題をします。

☐⑨
I have dinner at 6:00.
わたしは6時に夕食を食べます。

☐⑩
I take a bath at 7:30.
わたしは7時30分にふろに入ります。

☐⑪
I go to bed at 9:00.
わたしは9時にねます。

🔊 **2** 音声をまねして，友だちの習かんを言ってみましょう。そのあと，それぞれの友だちが答えた習かんと時こくを表す絵を〇でかこみましょう。

自分で言えたら ✔ チェックしよう。　👂👄【1問15点】

習かん　　　　　　　　　　時こく

□①

□②

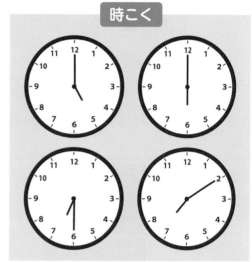

3 下のメモに，あなたの一日の生活について時こくを書きましょう。そのあと，それぞれの習かんを英語で声に出して言ってみましょう。

自分で言えたら ✔ チェックしよう。　👄【全部できて15点】

一日の生活

起きる時間
—————
朝食の時間
—————
夕食の時間
—————

あなた

□I wake up at _____.
I have breakfast at _____.
I have dinner at _____.

自分の一日の習かんについて
言えるようになったかな？

まとめ問題⑥　レッスン **18〜20**

答えと解説は
別冊14ページ

🔊 **1** 次の2人の対話を聞いて，カオルとホノカのお気に入りの場所はどこか，
　　▢ から選んで記号で書きましょう。　　🎧【1問15点】

①

ア　体育館　　イ　公園　　ウ　学校

②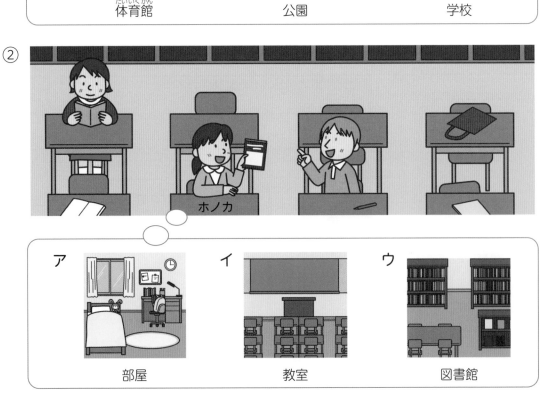

ア　部屋　　イ　教室　　ウ　図書館

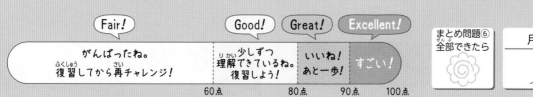

2 音声を聞いて，友だちの一日の行動の時こくを数字で書いてみましょう。

【1問8点】

一日の生活

① 起きる 時こく _____

② 顔をあらう 時こく _____

③ 家を出る 時こく _____

④ 帰たくする 時こく _____

⑤ ねる 時こく _____

3 あなたの明日の予定を，**2**の①〜⑤から３つ選んでその番号を書き，時計にはりで時こくをかきましょう。そのあと声に出して言ってみましょう。

自分で言えたら ✔ チェックしよう。 【1問10点】

□① 選んだ予定 _____ 時こく

□② 選んだ予定 _____ 時こく

□③ 選んだ予定 _____ 時こく

クラブ活動を英語で言ってみよう！

カナタ：ぼくはパソコンクラブに入っているんだけど，英語で何て言うのかな？

ノア：「パソコンクラブ」は computer club [コンピュータァ クラブ] と言うよ。「ぼくはパソコンクラブに入っています。」は，I'm in the computer club. と言えばいいんだ。

そうなんだ。ノアはバドミントンクラブだよね？

うん。「バドミントンクラブ」は英語だと badminton team [バドミントン ティーム] って言うよ。

badminton club じゃないんだね！

そうだよ。文化系のクラブは club，運動系のクラブは team と言うことが多いんだ。チーム競技だけじゃなくて，団体競技があるものは team っておぼえておくといいよ。

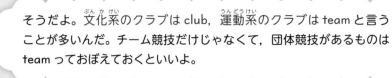

文化系クラブの英語名

日本語名	🔊 英語名
美術クラブ	art club [アート クラブ]
演劇クラブ	drama club [ドゥラーマ クラブ]
放送クラブ	broadcasting club [ブロードキャスティング クラブ]
料理クラブ	cooking club [クキング クラブ]
新聞クラブ	newspaper club [ニュースペイパァ クラブ]
写真クラブ	photography club [フォタグラフィ クラブ]
吹奏楽クラブ	brass band [ブラス バンド]
合唱クラブ	chorus [コーラス]
パソコンクラブ	computer club [コンピュータァ クラブ]

運動系クラブの英語名

日本語名	英語名
野球クラブ	baseball team [ベイスボール ティーム]
ソフトボールクラブ	softball team [ソーフトボール ティーム]
バスケットボールクラブ	basketball team [バスケトボール ティーム]
バレーボールクラブ	volleyball team [ヴァリィボール ティーム]
サッカークラブ	soccer team [サカァ ティーム]
テニスクラブ	tennis team [テニス ティーム]
卓球クラブ	table tennis team [テイブル テニス ティーム]
バドミントンクラブ	badminton team [バドミントン ティーム]
陸上クラブ	track-and-field team [トゥラック アンド フィールド ティーム]
体操クラブ	gymnastics team [ジムナスティクス ティーム]

スポーツの名前は，英語がそのままカタカナ語になっているものが多いよね。soccer「サッカー」とか basketball「バスケットボール」とか。

たしかに！　スポーツの名前はたくさん英語で言えるかも！

オリンピック競技の名前を英語で聞いてから，まねして言ってみよう！

archery
アーチェリー

rugby
ラグビー

handball
ハンドボール

swimming
水泳

skateboarding
スケートボード

surfing
サーフィン

wrestling
レスリング

hockey
ホッケー

まとめのテスト①

答えと解説は別冊15ページ

◀)) **1** それぞれのグループにおいて，4つの単語の中で1つだけ仲間はずれの単語
があります。音声を聞いてから，その単語を〇でかこみましょう。

🎧【1問5点】

グループ①　　cat　　　　monkey　　blue　　　　rabbit

グループ②　　pizza　　　cloudy　　　soup　　　　pancake

グループ③　　library　　　room　　　park　　　　eraser

◀)) **2** 2人の対話を聞いて，今の時こくを表している時計はどれですか。記号を〇
でかこみましょう。　　　　　　　　　　　　　　　　　　　🎧【10点】

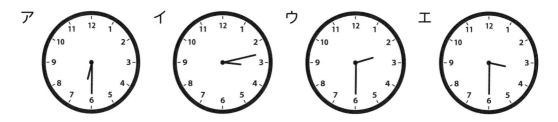

3 次のアルファベットは，あるルールでならんでいます。□に入る文字は何で
すか。　　からあてはまる文字を選んで，〇でかこみましょう。　　【10点】

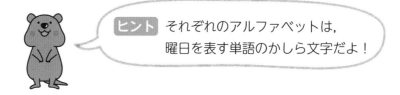

ヒント　それぞれのアルファベットは，
曜日を表す単語のかしら文字だよ！

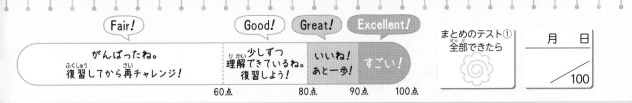

■4 2人の対話を聞いて，それぞれの今のじょうたいを表す絵を○でかこみましょう。【1問10点】

①Mizuki（ミズキ）

②James（ジェームズ）

■5 ケリーが一日の生活についてスピーチしています。音声を聞いて，ケリーが話さなかった動作を<u>3つ</u>選んで，絵を○でかこみましょう。

【1つ15点】

まとめのテスト②

答えと解説は
別冊 16 ページ

1 それぞれの単語の□に共通して入る文字は何ですか。□からあてはまる文字を選んで，○でかこみましょう。　【10点】

w□rm 　　　□pple 　　　m□rker 　　　pl□y

a　　e　　o　　k

2 次の9つの単語を下の3つのグループに分けるとき，それぞれのグループに入る単語を，音声を聞いてから，番号で書きましょう。

【1グループにつき全部できて10点】

① carrot　　② elephant　　③ baseball

④ dog　　　⑤ tennis　　　⑥ cucumber

⑦ softball　　⑧ onion　　　⑨ bear

animalのグループ	
sportのグループ	
vegetableのグループ	

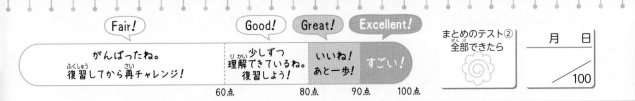

Fair!　Good!　Great!　Excellent!

がんばったね。
復習してから再チャレンジ！

少しずつ理解できているね。復習しよう！　いいね！あと一歩！　すごい！

60点　80点　90点　100点

まとめのテスト②
全部できたら

月　日

／100

3 次の絵を見ながら2人の対話を聞いて，わかることは何ですか。①と②でそれぞれ，正しいマークを○でかこみましょう。　【1問20点】

わかること

天気は①【 ☀ ・ ☁ 】。

2人はこれから②

【 🎾 ・ ⚽ 】をする。

4 下の絵のうち，エリカがかいた絵はどれだと思いますか。音声を聞いて，すいりしてみましょう。エリカがかいたと思われる絵の記号を○でかこみましょう。　【20点】

ア　イ

ウ　エ

アルファベット①

🔊 **1** A〜Qまで，音声を聞いて，まねして言いましょう。そのあと，うすい字をなぞってから，自分で書いてみましょう。👂👄✍【全部書いて 100 点】

大文字	小文字
A A	a a
B B	b b
C C	c c
D D	d d
E E	e e

↓E→と書いてもいいよ。

F F	f f

↓F→と書いてもいいよ。

G G	g g

Gのように，2画目を曲げないこともあるよ。

H H	h h

I I

→②
①Ｉ と書いてもいいよ。

i i

J J

j j

K K

k k

L L

l l

M M

③④
①Ｍ② と書いてもいいよ。

m m

N N

①Ｎ② と書いてもいいよ。

n n

O O

o o

P P

p p

Q Q

①Ｑ②と書いてもいいよ。

q q

見本以外の書き順で書いてもいいよ。

アルファベット②

🔊 **1** R〜Zまで，音声を聞いて，まねして言いましょう。そのあと，うすい字をなぞってから，自分で書いてみましょう。🎧💬✍【全部書いて100点】

| 大文字 | 小文字 |

R R

r r

S S

s s

T T

t t

U U

u u

V V

v v

√ と書いてもいいよ。

W W

w w

√W と書いてもいいよ。

X X

x x

Y Y

y y

Z Z

z z

小学 3・4年生 英語に ぐーんと 強くなる

別冊 解答

- ・答え合わせは、1つずつていねいに行いましょう。
- ・ポイントは、問題をとくときの考え方や注意点などです。まちがえた問題のポイントは、特によく読んで、もう一度問題をといてみましょう。
- ・まちがえた問題は、音声がある場合は、もう一度聞き直しましょう。

2

① A F Ⓡ U

② Ⓓ Z T L

③ Ⓝ B Q M

④ G S I Ⓩ

②は "D" と "Z" と "T" の音がにているから注意しようね。

③の "N" と "M" もにているし，④の "G" と "Z" もにているね。

2

① Ⓔ b p m

② t Ⓑ c d

③ a g Ⓚ y

④ x d Ⓙ q

①と②はそれぞれ，音がにているアルファベットがたくさんあるね。

出だしの音に注意して，聞きわけるといいよ。

1

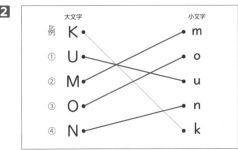

① 大文字 R T Ⓕ B
　小文字 b Ⓕ r t

② 大文字 N Ⓨ W M
　小文字 Ⓨ m n w

③ 大文字 O C Ⓖ U
　小文字 Ⓖ c u o

2

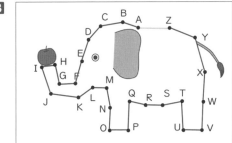

大文字　　　　　　　小文字

例 K・　　　　　　・m
① U・　　　　　　・o
② M・　　　　　　・u
③ O・　　　　　　・n
④ N・　　　　　　・k

3

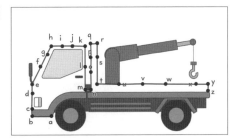

4

アルファベットの音声は何度も聞いて，自分でしっかり言えるようになろう。言えるようになったら，P.92~95 で書くことにもチャレンジしてみよう！

まとめ問題① レッスン1〜3 P.12・13

1 ① ○　② ×　③ ×　④ ○

2

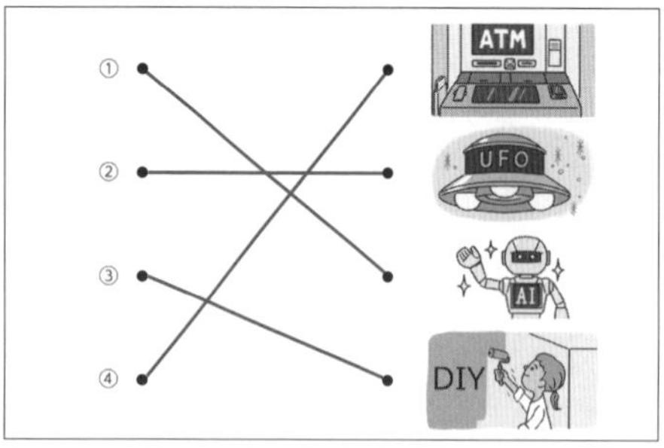

4 ① D　② N　③ q

5 t

読まれた英語

2 ① AI　② UFO　③ DIY　④ ATM

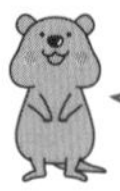

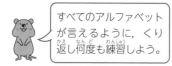

すべてのアルファベットが言えるように，くり返し何度も練習しよう。

レッスン4 あいさつをしよう P.14・15

4 ①(例)Good morning.
②(例)Good afternoon.

ポイント

4 わからない場合は，まず日本語だったら何と言うかを考えてみましょう。①は近所の人との朝のあいさつなので，「おはようございます。」がよいでしょう。②は午後のあいさつなので，「こんにちは。」がよいでしょう。

Hello. や Hi は時こくを問わないから，いつでも使えるよ。

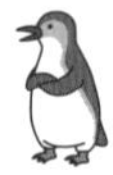

レッスン5 調子はどう？

▶ I'm good. P.16・17

ポイント

5 I'm good.(わたしは元気です。), I'm tired.(わたしはつかれています。), I'm sleepy.（わたしはねむいです。）のうち，あなたと同じ気持ちの人を選びましょう。

読まれた英語

5 ケン：I'm good.
（わたしは元気です。）
リン：I'm tired.
（わたしはつかれています。）
ヒナ：I'm sleepy.
（わたしはねむいです。）

▶ How are you? P.18・19

3 ①

4 ① うれしい　② つかれている
③ 元気な

5 (例)I'm good.

ポイント

3 How are you? は，体調や気持ちをたずねるときに使う表現です。朝や昼だけではなく，夕方にじゅくなどでだれかに会ったときでも，その日初めて会う場合には使えます。

4 I'm ～. は，自分の体調や気持ちを答えたりするときなどに使う表現です。

読まれた英語

4 ① 男の子：How are you?
（調子はどうですか。）
女の子：I'm happy.
（わたしはうれしいです。）
② 男の子：How are you?
（調子はどうですか。）
女の子：I'm tired.
（わたしはつかれています。）
③ 女の子：How are you?
（調子はどうですか。）
男の子：I'm good.
（わたしは元気です。）

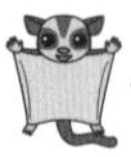

それぞれの友だちの言い方にも注意して聞き取ろう。

1 ②

2 ③

3

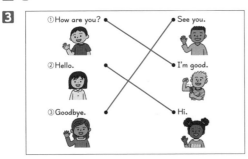

4 (例)① I'm good.　② I'm sad.

　　③ I'm tired.

●●・ポイント ……………………

1 あいさつを返すときも，相手の名前を言うようにしましょう。

2 ねむそうなミチカが話しているので，「ねむい」を表す sleepy を聞き取りましょう。

))読まれた英語 …………………

1 ① ケン ： Oh, good afternoon, Mary.

　　　　（ああ，こんにちは，メアリー。）

　　メアリー ： Hi, Ken!

　　　　　　（こんにちは，ケン！）

② ケン ： Good morning, Mary.

　　　　（おはよう，メアリー。）

　　メアリー ： Good morning, Ken.

　　　　　　（おはよう，ケン。）

③ ケン ： See you, Mary.

　　　　（またね，メアリー。）

　　メアリー ： Goodbye, Ken.

　　　　　　（さようなら，ケン。）

2 ① キム ： Hi, Michika.

　　　　（こんにちは，ミチカ。）

　　ミチカ ： Hi, Kim.

　　　　　（こんにちは，キム。）

　　キム ： How are you?

　　　　（調子はどうですか。）

　　ミチカ ： I'm hungry.

　　　　　（わたしはおなかがすいています。）

② キム ： Hi, Michika.

　　　　（こんにちは，ミチカ。）

　　ミチカ ： Hi, Kim.

　　　　　（こんにちは，キム。）

　　キム ： How are you?

　　　　（調子はどうですか。）

　　ミチカ ： I'm sad.

　　　　　（わたしは悲しいです。）

③ キム ： Hi, Michika.

　　　　（こんにちは，ミチカ。）

　　ミチカ ： Hi, Kim.

　　　　　（こんにちは，キム。）

　　キム ： How are you?

　　　（調子はどうですか。）

　　ミチカ ： I'm sleepy.

　　　　　（わたしはねむいです。）

hungry は「おなかがすいた」，sad は「悲しい」，sleepy は「ねむい」という意味だよね。

4

3 ②

4 （例）I'm Mio.

●●●ポイント

3 2人の対話は，自分の名前を教え合っているので，初対面で自己紹介をしている様子です。

》読まれた英語

3 ジェシカ：I'm Jessica. I'm from Canada.
（わたしはジェシカです。わたしはカナダ出身です。）

ホワイト先生：Hi, Jessica. I'm Mr. White. Nice to meet you.
（こんにちは，ジェシカ。わたしはホワイト先生です。はじめまして。）

ジェシカ：Nice to meet you, too.
（こちらこそ，はじめまして。）

> 元気に自己紹介をしてみよう！

3 ①

4 （例）My name is Kanata.

●●●ポイント

3 ①はケントが教室で自己紹介をしている場面です。②はケントがファストフード店で注文している場面です。

》読まれた英語

3 ケント：Hi, everyone. My name is Kent Brown. I'm from the U.S. Nice to meet you.
（こんにちは，みなさん。わたしの名前はケント・ブラウンです。わたしはアメリカ合衆国出身です。はじめまして。）

> 自分の名前を相手に伝える言い方は，I'm ～. と My name is ～. の2通りがあるんだね。

▶ I like curry and rice. P.26・27

4
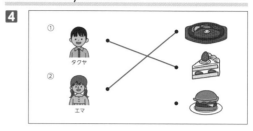

5 （例）I like curry and rice.

》読まれた英語

4 ① タクヤ：I'm Takuya. I like cake.
（わたしはタクヤです。わたしはケーキが好きです。）

② エマ ：I'm Emma. I like steak.
（わたしはエマです。わたしはステーキが好きです。）

> like のあとの単語を注意して聞き取ろう。

▶果物を表す単語／スポーツを表す単語 P.28・29

2 （例）I like bananas.

4
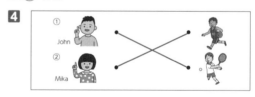

5 （例）I like dodgeball.

》読まれた英語

4 ① I'm John. I like tennis.
（わたしはジョンです。わたしはテニスが好きです。）

② My name is Mika. I like basketball.
（わたしの名前はミカです。わたしはバスケットボールが好きです。）

> 果物を表す単語は，2個以上の形もしっかり言えるようにしておこう。

▶ I don't like red. P.30・31

4

5 (例) I like red. I don't like green.

●●●ポイント
4 I like ～. は「わたしは～が好きです」, I don't like ～. は「わたしは～が好きではありません」という意味です。

))) 読まれた英語
4 I'm Carrie. I like yellow. I don't like pink and white.
（わたしはキャリーです。わたしは黄色が好きです。わたしはピンク色と白色が好きではありません。）

> 色の名前は「ブラック」や「レッド」など, 日本語としてもなじみがあるよね。それぞれの単語がどのようなつづりで書かれるのかも確認しておこう!

1 ① ぼくはタカシだよ。

② わたしの名前はミナミだよ。

2

( ) (②) ( ) (①)

3 ① I like blue. ② I like red.

③ I like green.

4 ②

●●●ポイント
1 ① タカシはローマ字で Takashi と書きます。「シ」は si ではなく shi なので注意しましょう。
② ミナミはローマ字で Minami と書きます。
4 ①はピザを見てうれしそうな表情で, ②はがっかりしている表情です。

))) 読まれた英語
1 ① タカシ：Hello. I'm Takashi. Nice to meet you.
（こんにちは。わたしはタカシです。はじめまして。）
女の子：Hi, Takashi. Nice to meet you, too.
（こんにちは, タカシ。こちらこそはじめまして。）
② ミナミ：Hi. My name is Minami.
（こんにちは。わたしの名前はミナミです。）
トム：Hi, Minami. Nice to meet you.
（こんにちは, ミナミ。はじめまして。）
2 ① 女の子：My name is Yurina.
（わたしの名前はユリナです。）
② 男の子：My name is Ryu.
（わたしの名前はリュウです。）
4 I like curry and rice. I don't like pizza.
（わたしはカレーライスが好きです。わたしはピザが好きではありません。）

> 自分の名前と好きなもの, 好きではないものを言えるようになれば, 自己紹介ができるね!

▶ How many? P.36・37

5 ①

●●●ポイント
5 ①冷ぞう庫のトマトを取るようにお願いされて,「何個?」とたずねるときは, How many? を使うことができます。

> 数をたずねる場面を
> 自分でも想ぞうしてみよう。

▶ Three, please. P.38・39

3 ①

4 ① 1　② 6

5 🔊 Four, please.

●●●ポイント
3 Five, please. は「5本お願いします。」という意味です。数を答えているので,数をたずねられたときに言います。
5 数を表す英語がわからなくなったら,P.36で確認しましょう。おつかいメモには「じゃがいも4個」と書かれているので,「4」を表す英語を確認しましょう。

》読まれた英語
4 ① 店員：How many?
　　　（いくついりますか。）
　男の子：One, please.
　　　（1つ,お願いします。）
② 店員：How many?
　　　（いくついりますか。）
　女の子：Six, please.
　　　（6つ,お願いします。）

> 数を聞かれて答えるときは,
> please を使わずに数を表す英語
> だけを言ってもいいよ。
> でも please を使ったほうが,
> よりていねいな言い方になるよ。

▶ How's the weather? P.40・41

5 ①

●●●ポイント
5 How's the weather? は天気をたずねる言い方なので,絵の中の天気を表す部分をさがしましょう。

▶ It's sunny. P.42・43

3 ④

4 ① ☂　② ☀

5 🔊 (例) It's cloudy.

●●●ポイント
3 女性のせりふから snowy (雪がふっている) と cold(寒い)を聞き取りましょう。

》読まれた英語
3 女性：Oh, it's snowy and cold today.
　　　（ああ,今日は雪がふっていて寒いです。）
4 ① 男の子：How's the weather?
　　　　（天気はどうですか。）
　女の子：It's rainy.
　　　　（雨がふっています。）
② 女の子：How's the weather?
　　　　（天気はどうですか。）
　男の子：It's sunny.
　　　　（晴れています。）

> 次の単語も覚えておこう!
> sun「太陽」
> rain「雨」
> cloud「くも」
> snow「雪」

レッスン 12 今日は何曜日？

▶ What day is it today?　　　　P.44・45

5 ②

●●**ポイント**
2 ② 言えたら，I like ～ . と文にして言ってみましょう。

▶ It's Monday.　　　　P46・47

3

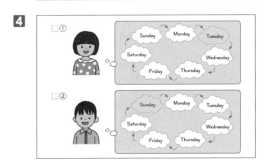

4

□①

Sunday	Monday	Tuesday
Saturday		Wednesday
Friday	Thursday	

□②

Sunday	Monday	Tuesday
Saturday		Wednesday
Friday	Thursday	

5 (例) It's Saturday.

●●**ポイント**
3 表の Thursday（木曜日）の部分に着目しましょう。
5 ジュディはあなたに「今日は何曜日ですか。」と質問しています。

)) **読まれた英語**
3 It's Thursday.
（木曜日です。）
4 ① 男の子：What day is it today?
（今日は何曜日ですか。）
　　女の子：It's Tuesday.
（火曜日です。）
　② 女の子：What day is it today?
（今日は何曜日ですか。）
　　男の子：It's Sunday.
（日曜日です。）

day には「曜日」という意味もあるよ！

レッスン 13 今，何時？

▶ What time is it?　　　　P.48・49

5 ①

●●**ポイント**
5 What time is it? は「今，何時ですか。」と時こくをたずねる言い方です。写真はたく上のデジタル時計で，①は〈時こく〉を，②は〈月／日〉を，③は〈曜日〉を表しています。

時こくを確認したいときは，とっさに What time? とだけ言っても相手は時こくを教えてくれるよ。

▶ It's 10:30.　　　　P.50・51

3

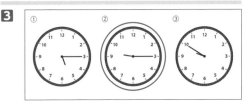

4

□①

□②

5 (例) It's 5:28.

●●**ポイント**
3 15（fifteen）と 50（fifty）を聞きまちがえないように注意しましょう。
4 時計のはりをかくときは，短いはりは〈～時〉を，長いはりは〈…分〉を表すようにかきます。

)) **読まれた英語**
3 It's nine fifteen.
（9時15分です。）
4 ① 男の子：What time is it?
（今，何時ですか。）
　　女の子：It's two.
（2時です。）
　② 女の子：What time is it?
（今，何時ですか。）
　　男の子：It's eight forty-five.
（8時45分です。）

時こくを言うときは，It's を省りゃくして 10：30（ten thirty）などと時こくだけ言うこともできるよ。

1

2 ① ウ ② イ ③ ア

3 🔊 ①（例）What time is it?

②（例）What day is it today?

●●・ポイント
1 2人の人物がそれぞれどのような場面で話しているのかを想ぞうしましょう。
2 それぞれの文が何をたずねているのか，考えましょう。①は時こくをたずねています。②は天気をたずねています。③は曜日をたずねています。

🎧 読まれた英語
1 ① 女の子：Hey, Mike. I lost my watch.
　　　　　　What time is it now?
　　　　　（ねえ，マイク。わたしはうで時計をなくしたの。今何時かな。）
　　マイク：Well, it's three forty-five.
　　　　　（ええと，3時45分だよ。）
② 父親：Wake up, Jake. It's nine.
　　　　（起きなさい，ジェイク。9時だよ。）
　ジェイク：Oh, really? OK. Dad,
　　　　　　how's the weather today?
　　　　　（ええ，本当に？　わかった。お父さん，今日の天気はどう？）
　父親：It's sunny.
　　　　（晴れているよ。）

2 ア It's Sunday.
　　（日曜日です。）
　イ It's snowy.
　　（雪がふっています。）
　ウ It's five thirty.
　　（5時30分です。）

曜日・天気・時こくは，みんな It's 〜. で表すんだね。

▶ Do you have a pencil?　　　　P.56・57

5 ②

●●・ポイント
5 ②は「あなたは定規を持っていますか」とたずねている場面を選びましょう。

🎧 読まれた英語
5 Hey, Becky. Do you have a ruler?
　（ねえ，ベッキー。あなたは定規を持っていますか。）

Do you have a 〜?の「〜」にいろいろな単語をあてはめて，声に出して練習してみましょう！

▶ Yes, I do. / No, I don't.　　P.58・59

3

4

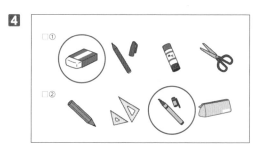

5 🔊 （例）Yes, I do. ／ No, I don't.

●●・ポイント
3 絵の中の人物が首をたてにふっているか（Yesの答え），横にふっているか（Noの答え）に着目しましょう。

🎧 読まれた英語
3 ① 女の子：Do you have scissors?
　　　　　　（あなたははさみを持っていますか。）
　　男の子：No, I don't.
　　　　　（いいえ，持っていません。）
② 女の子：Do you have a glue stick?
　　　　　（あなたはのりを持っていますか。）
　男の子：Yes, I do.
　　　　　（はい，持っています。）
4 ① 男の子：Oh, I forgot my eraser. Do
　　　　　　you have an eraser?

（ああ，わたしは消しごむをわす
　れました。あなたは消しごむを持
　っていますか。）

女の子 : Yes, I do. Here you are.
　　　　（はい，持っています。はい，ど
　　　　うぞ。）

男の子 : Thank you.
　　　　（ありがとうございます。）

② エリ : Tom, I forgot my marker today.
　　　　Do you have a marker?
　　　　（トム，わたしは今日自分のマー
　　　　カーをわすれました。あなたはマー
　　　　カーを持っていますか。）

トム : No, I don't. Sorry, Eri.
　　　（いいえ，持っていません。ごめん
　　　なさい，エリ。）

「あなたは〜を持っていますか」
という質問は，相手に物をかして
ほしいときにも使える表現だよ。

レッスン **15** これは何？
▶ What's this?　　　　　　　　P.60・61

5 ②

this は「これ」という意味だ
から，近くにあるものを指し
て言うことに注意しようね。

▶ It's a rabbit.　　　　　　　P.62・63

3 ①（例）It's a horse.

　②（例）It's an elephant.

4

□①

□②

5 （例）It's a dog.

●●・ポイント・・・・・・・・・・・・・・・・・・・・・
3 What's this? に対しては，It's 〜 . で答えます。
　① キーホルダーは馬のシルエットなので，It's
a horse. です。a をわすれずにつけましょう。
　② キーホルダーはぞうのシルエットなので，
It's an elephant. です。elephant には a で
はなく an がつくので注意しましょう。

)) 読まれた英語 ・・・・・・・・・・・・・・・・・・・・・・
4 ① 男の子 : What's this?
　　　　　　　（これは何ですか。）
　　　女の子 : It's a cat.
　　　　　　　（それはねこです。）
　　② 女の子 : What's this?
　　　　　　　（これは何ですか。）
　　　男の子 : It's an elephant.
　　　　　　　（それはぞうです。）

10

| レッスン **16** ほしいものは何？ | レッスン **17** 好きなスポーツは何？ |

▶ **What do you want?**　　　　　P.64 · 65

5 ②

●●・ポイント
5 ①の時こくをたずねる表現は, **What time is it?**
「今何時ですか。」です。

▶ **I want a carrot.**　　　　　P.66 · 67

3 ③

4
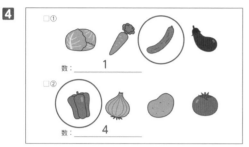

数：＿＿＿＿ 1

数：＿＿＿＿ 4

5 🔊（例）**I want three carrots.**

●●・ポイント
3 聞き取るべきポイントは, 「何」を「いくつ」です。
男の子がほしがっているのは, **cabbage(s)**「キャ
ベツ」を **two**「2個」です。
4 ① 女の子は **I want a cucumber.** と言って
いるので, **cucumber**「きゅうり」が **a**「1本」
です。**a** は **one** と同じ意味で,「1つの」と
いう意味です。
② 男の子は **I want four green peppers.**
と言っているので, **green pepper(s)**「ピー
マン」が **four**「4個」です。

🔊 読まれた英語
3 女の子：**Adam, what do you want?**
　　　　（アダム, あなたは何がほしいですか。）
　アダム：**I want two cabbages. My family
　　　　like cabbages very much.**
　　　　（わたしはキャベツを2個ほしいで
　　　　す。わたしの家族はキャベツがと
　　　　ても好きです。）
4 ① 男の子：**What do you want?**
　　　　　（あなたは何がほしいですか。）
　女の子：**I want a cucumber.**
　　　　　（わたしはきゅうりがほしいです。）
② 女の子：**What do you want?**
　　　　　（あなたは何がほしいですか。）
　男の子：**I want four green peppers.**
　　　　　（わたしはピーマンを4個ほし
　　　　　いです。）

▶ **What sport do you like?**　　　　P.68 · 69

5 ②

🔊 読まれた英語
5 女の子：**Bob, what color do you like?**
　　　　（ボブ, あなたは何色が好きですか。）
　ボブ：**Hmm, I like red.**
　　　　（えーと, わたしは赤色が好きです。）

　color は「色」という意味だよ。
日本語でも「カラー」と言うね。

▶ **I like volleyball.**　　　　　P.70 · 71

3 ②

4

5 🔊（例）**I like tennis.**

　マイルズは好きなスポーツについて
たずねているから, スポーツ以外の
ことについて答えちゃだめだよ！

●●・ポイント
3 音声は女の子が自己紹介をしている文です。自
分の名前と出身地, 好きなスポーツを言って
います。**I like ～.** の部分を聞き取りましょう。
4 ① 好きな果物を聞き取りましょう。
② 好きな食べ物を聞き取りましょう。

🔊 読まれた英語
3 女の子：**Hi, everyone. My name is Yuri
　　　　Saito. I'm from Osaka. I like
　　　　baseball.**
　　　　（こんにちは, みなさん。わたしの
　　　　名前はサイトウ・ユリです。わた
　　　　しは大阪出身です。わたしは野球
　　　　が好きです。）
4 ① 男の子：**What fruit do you like?**
　　　　　（あなたは何の果物が好きですか。）
　女の子：**I like peaches.**
　　　　　（わたしはももが好きです。）
② 女の子：**What food do you like?**
　　　　　（あなたは何の食べ物が好きで
　　　　　すか。）
　男の子：**I like** *natto.*
　　　　　（わたしは納豆が好きです。）

1

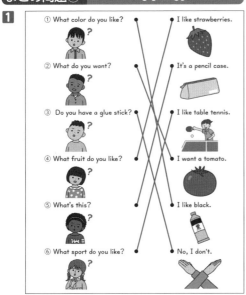

2 ① What sport(s) do you like?

② What color(s) do you like?

③ (例)

●●●ポイント
1 左側には質問が，右側には答えの文がならんでいます。それぞれの質問が何をたずねている文なのかをまず考えましょう。
2 声に出して言うときは，次のように言いましょう。
名前：My name is 〜. / I'm 〜.
好きな食べ物・スポーツ・色：I like 〜.

レッスン **18** 場所の紹介

▶ This is my school.
　It's my favorite place.　　　P.74・75

4

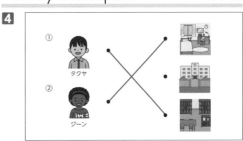

5 (例) This is my classroom. It's my favorite place.

●●●ポイント
4 かかれている絵は上から順に，部屋 (room)，学校(school)，図書館(library)です。

)) 読まれた英語
4 ① タクヤ：This is a library. It's my favorite place.
　　　（これは図書館です。それはわたしのお気に入りの場所です。）
　② ジーン：This is my room. It's my favorite place.
　　　（これはわたしの部屋です。それはわたしのお気に入りの場所です。）

my は「わたしの」という意味だから，my library「わたしの図書館」とはふつう言わないよ。

レッスン **19** テニスをしよう

▶ Let's play tennis. P.76・77

5 ①

●●•ポイント
5 ②のサッカーが好きかどうかを相手にたずねる言い方は, Do you like soccer? と言います。

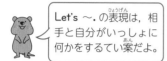
Let's 〜. の表現は, 相手と自分がいっしょに何かをするてい案だよ。

▶ Sure. P.78・79

3 ②

4
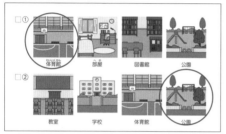
□① 体育館　部屋　図書館　公園
□② 教室　学校　体育館　公園

5 (例) Sure.

●●•ポイント
3 Let's swim! (泳ぎましょう！) とさそわれたあとの女の子の答えに着目しましょう。①の絵の女の子は首を横にふって寒そうにしているので, さそいをことわっています。②の絵の女の子はうれしそうに首をたてにふっています。

)) 読まれた英語
3 男の子：Let's swim!
　　　　　（泳ぎましょう！）
　　女の子：Sure!
　　　　　（いいですよ。）
4 ① 男の子：Let's go to the gym.
　　　　　（体育館に行きましょう。）
　　女の子：Sure.
　　　　　（いいですよ。）
　② 女の子：Let's go to the park.
　　　　　（公園へ行きましょう。）
　　男の子：Sorry.
　　　　　（ごめんなさい。）

Let's 〜. とさそわれたときには, Yes. または No. だけで答えてもいいよ。

レッスン **20** 一日の生活 P.82・83

2

習かん　時こく
□①
□②

3 (例) I wake up at 7:00.
　　　　I have breakfast at 7:15.
　　　　I have dinner at 6:30.

●●•ポイント
2 習かんと時こくの両方を聞き取りましょう。

)) 読まれた英語
2 ① 男の子：I wake up at six.
　　　　　（わたしは6時に起きます。）
　② 女の子：I have dinner at six thirty.
　　　　　（わたしは6時30分に夕食を食べます。）

3 自分の習かんの時こくが決まっていないときは, 今日か昨日の時こくを言ってみよう。

1 ① イ ② ウ

2 ① 7:00 ② 7:15 ③ 8:00
④ 4:30 ⑤ 10:00

3 🔊 ① (例)①

I wake up at 6:30.

② (例)④

I go home at 5:00.

③ (例)⑤

I go to bed at 9:00.

●●**ポイント**
2 まずそれぞれの絵が表す英文を考えて予そくしておきましょう。時こくは聞き取りながらメモを取るようにしましょう。

》**読まれた英語**

1 ① カオル：Hey, Cindy. Look at this.
（ねえ, シンディ。これを見てください。）

シンディ：This is a nice picture! Kaoru, do you play soccer?
（これはすてきな写真ですね！カオル, あなたはサッカーをするのですか。）

カオル：Yes. I play soccer with my father at Hikari Park. It's my favorite place.
（はい。わたしは光公園で父とサッカーをします。それはわたしのお気に入りの場所です。）

シンディ：Oh, I often go to Hikari Park, too.
（あら, わたしもよく光公園へ行きますよ。）

カオル：Really? Let's go to the park together!
（本当ですか。いっしょにその公園へ行きましょう！）

シンディ：Sure!
（いいですよ！）

② ホノカ：Sam, do you like books?
（サム, あなたは本が好きですか。）

サム：Yes, I do. I usually read books in my room.
（はい, 好きです。わたしはたいてい自分の部屋で本を読みます。）

ホノカ：I like books, too. I often go to the library. It's my favorite place.
（わたしも本が好きです。わたしはよく図書館へ行きます。それはわたしのお気に入りの場所です。）

サム：Nice. Please take me there, Honoka!
（すてきですね。ホノカ, わたしをそこへつれて行ってください！）

ホノカ：OK. Let's go there next weekend.
（いいですよ。次の週末にそこへ行きましょう。）

2 Hi, I'm Takashi.
（こんにちは, わたしはタカシです。）

I wake up at seven.
（わたしは7時に起きます。）

I wash my face at seven fifteen.
（わたしは7時15分に顔をあらいます。）

I leave home at eight.
（わたしは8時に家を出ます。）

I go home at four thirty.
（わたしは4時30分に家に帰ります。）

I go to bed at ten.
（わたしは10時にねます。）

一通り自分の習かんを言えるようにしておこうね！

まとめのテスト①　　　　P.88・89

1 グループ①　blue
　　グループ②　cloudy
　　グループ③　eraser

2 エ

3 F

4

5

●●●ポイント

1 グループ①は動物を表す英単語です。グループ②は食べ物を表す英単語です。グループ③は場所を表す英単語です。

3 それぞれ，曜日を表す英単語のかしら文字になっています。Sunday(日曜日)→Monday(月曜日)→Tuesday(火曜日)→Wednesday(水曜日)→Thursday(木曜日)→Friday(金曜日)→Saturday(土曜日)です。

4 ミズキは "I'm good." と言っています。ジェームズは "I'm sleepy now." と言っています。

5 6まいの絵の中で，ケリーがのべていない行動は次の3つです。
・go to school(学校へ行く)
・read books(本を読む)
・brush my teeth(自分の歯をみがく)

))) 読まれた英語

2 女の子：Hey, Bob. What time is it? Two thirty?
　　　　（ねえ，ボブ。何時ですか。2時30分ですか。）
　　ボブ：No. It's three thirty now.
　　　　（いいえ。今は3時30分です。）

4 ジェームズ：Hi, Mizuki.
　　　　　（こんにちは，ミズキ。）
　　ミズキ：Hi, James.
　　　　（こんにちは，ジェームズ。）
　　ジェームズ：How are you?

（調子はどうですか。）
ミズキ：I'm good. And you?
　　（わたしは元気です。あなたはどうですか。）
ジェームズ：Well, I'm sleepy now.
　　　　（ええと，わたしは今ねむいです。）

5 ケリー：I'm Kelly. This is my daily schedule. I wake up at seven thirty. I wash my face at seven forty. I have breakfast at eight. I play video games at four. I watch TV at five. I have dinner at six. I take a bath at eight. Then, I go to bed at nine. Thank you.
（わたしはケリーです。これはわたしの一日のスケジュールです。わたしは7時30分に起きます。わたしは7時40分に顔をあらいます。わたしは8時に朝食を食べます。わたしは4時にテレビゲームをします。わたしは5時にテレビを見ます。わたしは6時に夕食を食べます。わたしは8時にふろに入ります。それから，わたしは9時にねます。ありがとうございました。）

5 ケリーが話しているそれぞれの動作について，メモを取りながら聞いてみよう。

1 a

2 animal のグループ　②，④，⑨

　sport のグループ　③，⑤，⑦

　vegetable のグループ　①，⑥，⑧

3 ① ②

4 エ

●●●ポイント
1 それぞれの単語の意味は次の通りです。
　warm「あたたかい」　apple「りんご」　marker
　「マーカー」　play「〜をする」
2 animal は「動物」という意味なので，動物を表
　す英単語を選びます。sport は「スポーツ」とい
　う意味なので，スポーツを表す英単語を選び
　ます。vegetable は「野菜」という意味なので，
　野菜を表す英単語を選びます。

))) 読まれた英語
3 右の男の子：How's the weather?
　　　　　　（天気はどうですか。）

　左の男の子：It's sunny.
　　　　　　（晴れています。）

　右の男の子：Good! Let's go outside
　　　　　　and let's play tennis.
　　　　　　（いいですね！　外に出て，
　　　　　　テニスをしましょう。）

　左の男の子：Umm … no, sorry. I
　　　　　　don't like tennis. Let's
　　　　　　play soccer.
　　　　　　（ええと…。いいえ，ごめんなさ
　　　　　　い。わたしはテニスが好きでは
　　　　　　ありません。サッカーをしま
　　　　　　しょう。）

　右の男の子：OK!
　　　　　　（いいですよ！）

4 エリカの父：Hi, Erika. This is a nice
　　　　　　picture. Is this your
　　　　　　painting? I like it.
　　　　　　（こんにちは，エリカ。これは
　　　　　　すてきな絵ですね。これはあ
　　　　　　なたの絵画ですか。わたしは
　　　　　　これが好きです。）

　エリカ：Yes, Dad. Thank you.
　　　　　（はい，おとうさん。ありがとう。）

　エリカの父：What's this?
　　　　　　（これは何ですか。）

　エリカ：It's a blue bird.
　　　　　（それは青い鳥です。）

　エリカの父：Cute. And, what's this?
　　　　　　（かわいいですね。それと，こ
　　　　　　れは何ですか。）

エリカ：It's a blue flower.
　　　　（それは青い花です。）

エリカの父：Do you like blue?
　　　　　　（あなたは青色が好きですか。）

エリカ：Yes. I like blue!
　　　　（はい。わたしは青色が好きです！）

> **4** エリカが何をかいたのか，何色が
> 好きなのかを聞き取ろう。

> 最後までよくがんばったね!!

基礎力をつけるには くもんの小学ドリル が 強いみかた!!

スモールステップで、らくらく力がついていく!!

算数

計算シリーズ(全13巻)
① 1年生たしざん
② 1年生ひきざん
③ 2年生たし算
④ 2年生ひき算
⑤ 2年生かけ算（九九）
⑥ 3年生たし算・ひき算
⑦ 3年生かけ算
⑧ 3年生わり算
⑨ 4年生わり算
⑩ 4年生分数・小数
⑪ 5年生分数
⑫ 5年生小数
⑬ 6年生分数

数・量・図形シリーズ(学年別全6巻)

文章題シリーズ(学年別全6巻)

プログラミング
① 1・2年生　② 3・4年生　③ 5・6年生

学力チェックテスト
算数(学年別全6巻)
国語(学年別全6巻)
英語(5年生・6年生 全2巻)

国語

1年生ひらがな
1年生カタカナ
漢字シリーズ(学年別全6巻)
言葉と文のきまりシリーズ(学年別全6巻)
文章の読解シリーズ(学年別全6巻)
書き方(書写)シリーズ(全4巻)
① 1年生ひらがな・カタカナのかきかた
② 1年生かん字のかきかた
③ 2年生かん字の書き方
④ 3年生漢字の書き方

英語
3・4年生はじめてのアルファベット
ローマ字学習つき
3・4年生はじめてのあいさつと会話
5年生英語の文
6年生英語の文

くもんの英語集中学習　小学3・4年生　英語にぐーんと強くなる

2023年2月　第1版第1刷発行
2024年2月　第1版第2刷発行

● 発行人　志村直人
● 発行所　株式会社くもん出版
　〒141-8488
　東京都品川区東五反田2-10-2
　東五反田スクエア11F
　電話　編集直通　03(6836)0317
　　　　営業直通　03(6836)0305
　　　　代表　　　03(6836)0301

● 監修　　　　町田智久(国際教養大学 教授)
● カバーデザイン　辻中浩一+村松亨修(ウフ)
● カバーイラスト　亀山鶴子
● 本文デザイン　小野寺冬起(オノデラデザイン事務所)
● コラムデザイン　田中小百合(osuzudesign)
● 印刷・製本　　株式会社 精興社

● 本文イラスト　浅羽ピピ・さややん。
　　　　　　　　山本正子
● 編集協力　　　株式会社 一校舎
● 音声制作　　　ユニバ合同会社
● ナレーター　　大武芙由美
　　　　　　　　ドミニク アレン
　　　　　　　　ジュリア ヤマコフ
　　　　　　　　ジェフリー ロウ
　　　　　　　　キンバリー ティアニー

© 2023 KUMON PUBLISHING CO.,Ltd　Printed in Japan
ISBN 978-4-7743-3364-9
CD 57342　くもん出版ホームページアドレス　https://www.kumonshuppan.com/

2 次の各組は，形がにているアルファベットです。音声を聞いて，まねして言いましょう。そのあと，形のちがいに注意して，うすい字をなぞってから，自分で書いてみましょう。【全部書いて60点】

大文字

E

F

M

N

O

Q

小文字

i

j

p

q

u

v

アルファベットを正しく書くコツ！

それぞれのアルファベットをじっくりながめて，

・4線のどこから始めるのか

・4線のどこで止めたり曲げたりするのか

・4線のどこで終わるのか

に注意しながら書く練習をするといいよ。